Le cri du tigre

Marilyn Bolduc
sept. 2010

Angela Little

Le cri du tigre

L'étonnante histoire de Tony Anthony, champion de kung-fu

ÉDITIONS OURANIA

Titre original en anglais: *Cry of the Tiger. The Amazing True Story of Tony Anthony, a Kung Fu World Champion*

First published 2006 by Authentic Media
9 Holdom Avenue, Bletchley
Milton Keynes, Bucks, MK1 1QR, UK
285 Lynnwood Avenue, Tyrone, GA 30290, USA
OM Authentic Media
Medchal Road, Jeedimetla Village
Secunderabad 500 055, A.P.
www.authenticmedia.co.uk
Authentic Media is a division of Send the light Ltd.
a company limited by guarantee
(registered charity n° 270162)

Les textes bibliques sont tirés de la version Segond 21

Traduction: Sabine Bastin

2e édition, 2010
Case postale 128
CH-1032 Romanel-sur-Lausanne

Imprimé en UE
ISBN 978-2-940335-23-7

Ce livre est dédié à Michael Wright,
qui poursuit son appel dans le désert…

Sommaire

Remerciements

Angela Little et Tony Anthony ont déjà travaillé ensemble sur un premier livre, *L'œil du tigre*, qui a fait l'objet de quatre éditions françaises depuis 2006. Aujourd'hui, Tony parcourt le monde pour raconter son histoire. *Le cri du tigre* est une nouvelle étape de son voyage.

Nous tenons à remercier particulièrement Malcolm Down et l'équipe d'*Authentic Media*; Sue Box pour sa patience et ses compétences en matière d'édition; Joshua Griggs, Nicole Griggs, Joseph Palmer, Bethany Taylor et Laura Cross pour leurs précieux conseils dans la mise au point du manuscrit.

Chapitre 1

Seul dans un pays étranger

Tony se réveille en sursaut. L'avion vient de prendre un virage abrupt et amorce sa descente vers l'aéroport de Hong Kong. Le petit garçon se risque à jeter un œil par le hublot, et le vrombissement des moteurs emplit sa tête lorsqu'il presse plus fort encore le nez contre la vitre. Tony baisse les yeux vers les nuages en contrebas. Survolent-ils la mer ou la terre? Il n'en a aucune idée. «Le ciel est-il toujours aussi bleu là-haut? Le soleil brille-t-il toujours au-dessus des nuages?» se demande Tony. La lumière dorée qui tente de percer la couverture nuageuse est si intense qu'il est obligé de plisser les yeux.

Pendant quelques secondes encore, Tony se perd dans la magie des éléments, mais bientôt, ses oreilles se bouchent et il ressent un violent mal de tête. Leur interminable voyage touche à sa fin. Très vite, l'azur du ciel et l'éclat du soleil disparaissent. L'appareil franchit l'épaisse couche nuageuse et, désormais, Tony n'aperçoit plus par le hublot que le vague reflet du grand étranger assis à ses côtés.

Un frisson parcourt le petit garçon. Qui est cet homme? Où l'emmène-t-il? Ses yeux s'emplissent de larmes et, se remémorant leur première rencontre, il avale péniblement sa salive…

– Je veux que tu sois sage, a dit sévèrement sa mère. Cet homme va t'emmener vivre avec ton grand-père en Chine.

Un instant, les mots sont restés suspendus dans la pièce, comme un sinistre avis de tempête.

Puis, sa mère s'est agenouillée et a plongé son regard dans celui de son fils en prenant ses deux mains dans les siennes.

– Ton père est malade, et nous n'avons plus les moyens de prendre soin de toi, a-t-elle expliqué.

Pendant un moment, Tony a cru qu'elle allait le serrer dans ses bras, comme il l'espérait depuis toujours, mais elle n'en a rien fait.

– Ce sera mieux ainsi, a déclaré la jeune femme en se redressant.

Se tournant vers l'étranger, elle s'est adressée à lui en chinois. Tony ne comprenait rien. Soudain, son cœur s'est mis à cogner très fort dans sa poitrine. Qu'est-ce qui n'allait pas avec Papa? Qu'est-ce qui se passait exactement? Pourquoi devait-il partir? Une foule de questions l'assaillaient, mais il ne savait par où commencer. Il s'est tourné vers son père. Recroquevillé dans son fauteuil, celui-ci fixait d'un œil éteint l'âtre noirci de la cheminée.

– Papa, que…? a bredouillé le petit garçon.

Sans lui permettre d'achever sa phrase, l'étranger l'a alors saisi par le poignet. Instinctivement, Tony a cherché à se dégager, mais sa mère lui a lancé un de ces regards sévères dont elle avait le secret. Le cœur de Tony battait à tout rompre. Il aurait voulu hurler et pleurer, mais n'en a rien fait. L'étranger l'a entraîné au-dehors. Le cauchemar ne faisait que commencer…

* * *

Tony n'a encore jamais vu un endroit comme l'aéroport de Hong Kong. L'air est chargé d'odeurs étranges et l'atmosphère y est lourde et humide. L'étranger l'agrippe fermement par le bras et l'entraîne à travers la foule des voyageurs qui crient pour tenter de récupérer leurs bagages. Tony se sent vraiment tout petit et insignifiant, malmené par le va-et-vient des sacs, des valises et des chariots. Il presse le pas pour suivre le rythme imposé par l'étranger et jette des regards effrayés tout autour de lui, comme un animal apeuré, à la recherche d'une silhouette ou d'une voix familières.

Vlan! Un coup douloureux projette Tony à terre. Une grande valise l'a heurté en pleine poitrine et cela lui a coupé le souffle. L'étranger vocifère en chinois et remet brusquement le petit garçon sur ses pieds.

«Attendez, attendez juste une minute!» halète Tony, pris de vertige.

Mais l'homme n'écoute pas. Il serre plus fort encore le poignet du petit dont les doigts prennent une couleur violacée, alors qu'ils fendent la foule en toute hâte.

Tout à coup, ils s'immobilisent. Tony est soulagé de pouvoir reprendre son souffle, mais ils sont bloqués au beau milieu d'une foule compacte. Mécontents, les gens poussent et crient, et le petit se trouve brutalement projeté contre les jambes de l'étranger. Il se hisse sur la pointe des pieds, mais ne parvient pas à distinguer l'origine de cet embouteillage. Soudain, des cris stridents et des battements d'ailes le prennent à nouveau par surprise. D'un bond, Tony se retourne et découvre une cage remplie d'oiseaux qui, les yeux écarquillés, battent frénétiquement des ailes et donnent des coups de bec à travers les barreaux. Il laisse échapper un cri et la vieille femme aux allures de sorcière, qui porte la cage, se moque de lui en arborant un large sourire édenté.

Tony s'écarte des pauvres volatiles et sent à nouveau son gardien le tirer violemment par le bras. La foule s'éclaircit à présent, et il comprend bientôt pourquoi ils ont été retardés. Un groupe d'écoliers est en train de traverser le hall de l'aéroport. Lorsqu'ils aperçoivent le petit étranger, quelques enfants le pointent du doigt en riant.

«Pourquoi se moquent-ils de moi?» se demande Tony en leur lançant un regard indigné. Tous ces enfants se ressemblent. Ils ont d'épais cheveux noirs et portent des uniformes verts avec une casquette assortie, un foulard rouge et des tongs aux pieds. Tony comprend alors à quel point il doit leur paraître différent. Il a hérité de sa mère quelques traits asiatiques, mais ses cheveux sont un peu ondulés et ses yeux plus ronds, comme ceux de son père. Il porte un jean, des baskets, un sweat-shirt et un gros anorak; une tenue que les petits Chinois doivent trouver vraiment bizarre.

Ils échappent enfin à la foule et quittent l'aéroport, mais Tony n'a pas le temps d'observer les alentours. Avant de s'en rendre compte, il est hissé sur une charrette tirée par des chevaux et se retrouve assis à côté d'un vieil homme vêtu de noir, qui tient les rênes. L'homme ne prononce pas un mot. Il n'accorde à Tony ni un regard ni un sourire. Le petit garçon se souvient des paroles de sa mère: «Tu vas vivre avec ton grand-père en Chine.» Cet homme est-il le père de sa maman? Il jette un rapide coup d'œil vers le vieillard. Celui-ci est grand et mince, sa peau sombre a l'aspect du cuir et une fine moustache grise orne son visage. Mais son grand-père serait certainement heureux de le rencontrer. Tony se mord nerveusement les lèvres. Son gardien monte à l'arrière et l'attelage s'éloigne. Tony frissonne de peur. Quelqu'un finira-t-il par lui parler? Où l'emmène-t-on? Reverra-t-il jamais sa maison et sa famille?

Les mouvements saccadés de la charrette lui donnent bientôt la nausée. Il avale péniblement sa salive pour contenir le haut-le-cœur qui lui tord l'estomac. Pendant un temps qui lui paraît interminable, la carriole parcourt un paysage mystérieux, composé de rizières et de petits villages construits au bord de la route. Puis, bientôt, les cabanes se transforment en sinistres ombres nocturnes.

* * *

Le cheval s'immobilise enfin. Le gardien met Tony à terre et le pousse vers une étrange demeure. Tony cligne des yeux pour s'accoutumer à la lumière blême qui règne à l'intérieur. Où se trouve-t-il? Une vieille dame le salue. Elle est assez petite, et ses cheveux gris sont impeccablement noués en un chignon à l'arrière de sa tête.

«Jowmo», dit-elle en se désignant avec un large sourire.

Une étincelle d'espoir réchauffe le cœur du petit. Ce voyage l'a tellement effrayé. Peut-être que les choses vont s'arranger, à présent. Cette dame doit être sa grand-mère. Il lui rend timidement son sourire, mais, à sa grande surprise, le visage de la femme prend un air très sévère lorsque le grand homme à la moustache grise entre dans la maison.

«Lowsi», dit la femme en le montrant du doigt.

Puis, elle joint les deux mains et s'incline légèrement. Instinctivement, Tony l'imite, et Lowsi lui accorde un bref hochement de tête approbateur.

L'homme disparaît et Tony est soulagé de rester seul avec Jowmo. Elle s'exprime d'une voix nasillarde, mais le petit ne comprend pas un mot de ce qu'elle dit. Bien que sa maman soit chinoise, ils ont toujours parlé uniquement l'anglais à la maison. Jowmo le fait asseoir devant une petite table en bois et dépose un bol de liquide fumant devant lui. C'est un bouillon de légumes et de nouilles dont l'aspect ne lui est absolument pas familier. Tony, qui prend soudain conscience de sa faim, attend patiemment que la vieille dame lui donne une cuillère. Quelques instants plus tard, Jowmo, s'apercevant qu'il ne mange pas, jette vers lui un regard interrogateur. Puis elle éclate de rire. Elle prend un autre bol dans le creux de ses mains, le porte à ses lèvres et boit le bouillon en aspirant les nouilles entre ses dents. Tony sourit et l'imite.

Le goût de la nourriture lui importe peu, mais la chaleur du potage le réconforte. Entre deux gorgées bruyantes, il prend le temps de regarder autour de lui et découvre un cadre tout à fait inhabituel. Le mobilier est très réduit, et de simples paravents de bambou divisent l'espace en plusieurs pièces. De grands caractères chinois blancs et noirs ornent les murs. Il remarque aussi de petites tables sur lesquelles sont disposés des fruits étranges ou des bouquets de fleurs fraîches.

Tony aspire la dernière gorgée de son potage et lutte pour contenir un bâillement. Jowmo pose la tête sur ses mains pour lui montrer qu'il est temps d'aller dormir. Il acquiesce avec reconnaissance. La vieille dame l'emmène dans une autre partie de la maison. Elle écarte un panneau de bambou qui dissimule une petite pièce meublée uniquement d'une chaise et d'une étroite couchette en bois. Est-ce son lit? On dirait le banc de jardin à la maison! Jowmo lui tend une sorte de tunique grise, puis, après un bref sourire, elle prononce quelques mots que Tony ne comprend pas et le quitte.

Resté seul, il parcourt sa petite chambre du regard, tout en passant les doigts sur la tunique. Il pense à ses pyjamas de super héros et aux peluches disposées sur son lit à la maison. Quelques larmes roulent sur ses joues, mais il préfère repousser ses sombres pensées au fond de son esprit. Epuisé, il se couche et sombre dans un profond sommeil, peuplé de cauchemars.

Chapitre 2

Le cauchemar

Tony est violemment tiré de son sommeil par un jet d'eau glacée. Mais où est-il donc? Un homme crie.

«*Lo han quilo*! *Lo han quilo*!» («Petit diable étranger!»)

Alors il se souvient. Le jour n'est pas encore levé, mais Tony devine le visage de Lowsi, son grand-père. Le seau vide tombe avec fracas sur le sol. Tremblant de peur, Tony se recroqueville dans le coin de sa couchette, alors que le vieillard frappe sur le bord du lit avec sa canne de bambou. Un sifflement parvient à ses oreilles lorsque la baguette lui frôle dangereusement le visage.

Que doit-il faire? Que lui veut son grand-père? Tony ne comprend pas les mots qu'il vocifère. Le désespoir le saisit et, craignant de recevoir un coup, il bondit hors du lit et se redresse en tremblant. Immédiatement, les cris cessent et, attrapant le petit par le bras, le vieil homme l'entraîne sans ménagement à l'extérieur.

Tout est encore plongé dans une obscurité brumeuse, mais Tony distingue qu'ils se trouvent dans une sorte de cour. Il se demande ce qu'il a bien pu faire de mal. Pourquoi son grand-père est-il en colère contre lui? Un petit vent sec et glacial transperce le léger tissu de sa tunique et parcourt son corps. Les doigts d'acier de Lowsi l'empoignent par les épaules pour lui signifier de ne plus bouger. Tony frissonne alors que des gouttelettes d'eau glacée glissent le long de son visage et de son dos, pour former progressivement une petite flaque sur le sol. Mais il reste immobile, dans le silence de la cour.

Que se passe-t-il? La peur et la curiosité l'aident à oublier le froid, mais il continue à trembler en gardant les yeux fixés sur son grand-père.

Que fait-il? Le vieil homme s'éloigne de quelques pas, puis se tourne à nouveau vers lui. Il se tient immobile, étrangement immobile, pendant un temps qui lui paraît une éternité. Dans la pénombre, Tony louche pour distinguer les traits de son grand-père. Il a les yeux fermés. Dort-il? Non, Lowsi se met à bouger. Très lentement, comme un chat qui s'étire, il étend ses bras et ses jambes en dessinant d'étranges formes avec ses mains. Les yeux du vieillard sont toujours clos, mais Tony a l'étrange impression qu'il ne cesse de le surveiller.

Lowsi poursuit sa surprenante activité durant un bon moment. Au bout d'un certain temps, Tony se risque à jeter un coup d'œil autour de lui. Cette cour est un endroit bizarre. A son extrémité se dresse un mystérieux portique et, au-delà, une forêt dense et menaçante. Les pensées de Tony le ramènent soudain chez lui, à Londres. Ici, tout est si différent!

Il se hasarde jusqu'à lever les yeux vers les ornements aux formes étranges qui semblent danser sur le bord du toit. Il y a là des dragons, des chevaux ailés et des licornes (comme celles de son livre d'images), un immense oiseau environné de feu et quelque chose qui ressemble à un homme chevauchant une poule!

Vlan! Tony perçoit le claquement une fraction de seconde avant la douleur cuisante. Il a à peine quitté Lowsi du regard. Son visage brûle à l'endroit où la baguette du vieil homme a frappé. *Clac*! Encore un coup, plus fort, cette fois. Tony a le vertige. Il avale péniblement sa salive, tandis que de minuscules gouttes de sang souillent progressivement sa tunique.

«Ne pleure pas, ne pleure pas!» se répète-t-il. Sans trop savoir pourquoi, il devine que cela ne ferait qu'aggraver la situation. La vue brouillée par les larmes, il enfonce ses ongles dans la paume de ses mains et réussit à se contenir. Lowsi le toise, la canne de bambou serrée entre ses doigts noueux. Qu'a fait Tony pour mériter des coups aussi cruels? Quelque chose le retient de poser la question…

Après cela, le même scénario se répète chaque matin. Tony apprend rapidement à éviter la douche d'eau glacée en se réveillant longtemps avant l'aube. Quand Lowsi entre dans sa chambre, il est toujours debout et prêt. Il le salue en s'inclinant respectueusement devant lui. Lowsi est son grand-père, mais bien plus encore, il est son maître, l'homme à qui il doit une obéissance absolue. Dehors, dans la cour, Tony ne quitte pas du regard le vieillard qui exécute ses étranges mouvements. Ses paupières sont parfois si lourdes qu'il est tenté de fermer les yeux un instant pour s'abandonner au sommeil, mais un clignement d'œil trop prononcé lui vaut immédiatement un violent coup de baguette sur les oreilles.

Au fil des semaines, Tony apprend à comprendre le dialecte cantonais de ses grands-parents, et Lowsi commence à lui enseigner la voie de ses ancêtres.

– Le kung-fu est dans notre famille depuis plus de cinq siècles, lui explique-t-il. C'est une tradition très ancienne, transmise de génération en génération.

Tony écoute attentivement, sachant qu'il vaut mieux apprendre rapidement s'il veut éviter les coups.

– Le kung-fu est un art martial introduit en Chine par un moine indien que nous, les Chinois, appelons Ta Mo. Il est arrivé ici au début du VIe siècle pour répandre les enseignements de Bouddha dans toute la Chine.

Tony ne sait pas ce qu'est un «art martial», mais manifestement, cela semble être quelque chose de très important. Jowmo et Lowsi parlent beaucoup de ce Bouddha. Peut-être est-il une sorte de dieu… Mais il n'en est pas vraiment sûr. Il a tant de choses à apprendre au sujet de cet étrange pays!

– Alors qu'il parcourait les montagnes du nord de la Chine, Ta Mo s'est arrêté dans un monastère qui portait le nom de «Shaolin», poursuit Lowsi. Là, il a encouragé les moines à méditer et à rechercher l'illumination, mais comme ceux-ci s'endormaient souvent pendant la méditation, Ta Mo leur a enseigné des exercices pour les tenir éveillés. Ces mouvements sont devenus une forme de méditation, mais aussi de puissantes figures de combat.

«De combat? Comme dans les films que Papa regarde à la télévision?» se demande Tony, posant sur son grand-père un regard interrogateur.

– Les mouvements enseignés par Ta Mo aidaient les moines à se défendre contre les bandits lorsqu'ils se rendaient d'un monastère à l'autre, explique encore Lowsi.

Tout en parlant, il montre à Tony les positions répétées chaque matin dans la cour. Bientôt, Tony, se tordant les mains, les bras et les jambes, parvient à reproduire les mouvements lents et étranges de son grand-père. Au début, cela lui demande beaucoup d'efforts et il perd sans cesse l'équilibre. Il a parfois l'impression que ses os se courbent quand Lowsi le force à adopter différentes postures.

– Ceci est le tai-chi, lui apprend-il en positionnant ses bras dans un mouvement douloureux. Il constitue la base des exercices de kung-fu que Ta Mo a enseignés à nos ancêtres de Shaolin.

Chaque jour, sans exception, Tony est contraint de répéter ces mouvements. Peu à peu, il parvient à en reproduire certains sans l'aide de Lowsi. Le tai-chi fait désormais partie de sa vie quotidienne. Les exercices sont difficiles, mais il y a quelque chose de plus pénible encore pour le petit garçon: pendant des heures, il doit rester parfaitement immobile dans une certaine position jusqu'à ce que tous ses muscles lui fassent mal et qu'il tremble de tous ses membres.

– L'art du kung-fu est bien plus qu'une question de force physique et de techniques de combat, lui a expliqué Lowsi. Au cœur des arts martiaux se trouve le «chi». Le «chi» est la force vitale de tout être et de toute chose. Le kung-fu consiste à maîtriser le «chi». Par le «chi», tu deviendras extrêmement puissant.

Tony ne comprend pas vraiment les propos de son grand-père, mais il n'ose pas l'avouer.

– Maintenant, concentre-toi sur ta respiration! ordonne sévèrement le vieillard. Cette fois, concentre-toi sur le «chi» qui est en toi!

Sur ces mots, il s'éloigne et laisse à nouveau Tony immobile pendant de longues heures.

Un matin, après les exercices de tai-chi, Lowsi place un seau de sable devant Tony. Qu'a-t-il donc derrière la tête?

Soudain, Lowsi enfonce violemment son poing dans le sable. Tony sursaute.

– Maintenant, à toi! commande Lowsi.

Tony serre docilement le poing et frappe le sable. Lowsi maugrée et martèle le seau avec sa canne en bambou pour lui indiquer de recommencer. Les articulations de ses doigts le brûlent, mais Lowsi le regarde avec mépris. Une fois de plus, le vieil homme enfonce son propre poing dans le seau et une pluie de sable se répand sur le visage de Tony. Rassemblant tout son courage, celui-ci fait une nouvelle tentative, mais son maître frappe furieusement le sol de sa canne.

Tony tressaille lorsque Lowsi l'attrape par le bras, lui enfonçant les doigts dans la chair.

Sans relâche, il plonge les mains de Tony dans le seau, les tordant et les écrasant l'une après l'autre contre les milliers de grains qui lui déchirent la peau. Tony serre les dents tant la douleur est intense! Quand, enfin, Lowsi lâche prise, les articulations du petit sont à vif et ses mains ensanglantées.

– Continue! ordonne le vieil homme.

Tony sait qu'il n'a pas intérêt à discuter. Il enfonce son poing dans le sable, aussi vigoureusement qu'il le peut, encore et encore. Bientôt, ses mains se trouvent engourdies par la douleur.

Le lendemain, c'est la même chose… tout comme le surlendemain… Toutefois, après quelques jours, ses mains deviennent plus robustes et résistantes. Les plaies guérissent, et sa peau, autrefois si tendre, se couvre de cals. Chaque matin, il doit soumettre ses mains à l'examen de son grand-père, qui acquiesce lentement en faisant glisser ses doigts sur la peau de son petit-fils.

– Etre élevé dans la voie du kung-fu est un grand honneur, lui dit-il sévèrement. Tu seras fort et discipliné, capable de supporter de grandes souffrances. Tu parviendras à maîtriser ton corps.

Sur ces mots, Lowsi vide le seau rempli de sable. Tony pousse silencieusement un soupir de soulagement. Puis, horrifié, il voit son grand-père remplacer le sable par du gravier. Et l'exercice reprend. Deux semaines plus tard, Tony doit enfoncer ses mains dans un seau de gravier et de pierres tranchantes. Chaque fois qu'il y plonge son poing, il imagine le visage de son grand-père. Il commence à détester le vieil homme, et sa haine l'aide à concentrer toute son énergie dans ses exercices. Il ignore que Lowsi ne cherche pas à gagner l'amour de son petit-fils, mais bien le respect de son disciple.

Chaque soir, Tony s'écroule sur son lit, à bout de forces. Il pourrait pleurer, mais il est trop épuisé pour s'attarder sur la douleur qui engourdit tous ses membres, ou sur la haine qu'il éprouve envers son grand-père. Il n'a pas le temps de songer à ce qui adviendra de lui, ni de se demander s'il reverra jamais ses parents. Son corps souffre et son esprit est épuisé par les entraînements. Le sommeil l'enveloppe d'un lourd nuage ténébreux et, pour un bref instant, il oublie les horreurs de la journée.

Chapitre 3

Le temple Shaolin

– Tu porteras ceci aujourd'hui! annonce Jowmo en montrant à son petit-fils un vêtement d'un orange éclatant.

Tony lève les yeux vers sa grand-mère. Il est en train de prendre son petit-déjeuner, constitué d'un bol de soupe aux nouilles. Lowsi est occupé à aiguiser ses outils dans l'autre pièce. On perçoit les grincements et les frottements familiers du silex et de la pierre. Jowmo parle peu en présence de Lowsi, mais lorsqu'elle se trouve seule avec Tony, il lui arrive parfois de l'abreuver d'histoires traditionnelles transmises par leurs ancêtres chinois. Ses grands-parents croient en de nombreuses divinités (qui ne paraissent vraiment pas sympathiques aux yeux de Tony) et se croient obligés d'observer quantité de rites pour ne pas attirer le «malheur» sur la maison.

– Bientôt, nous préparerons le Nouvel An, dit Jowmo en balayant le sol. Ce sera l'année du Tigre! ajoute-t-elle avec enthousiasme.

– Du tigre? demande Tony.

Jowmo s'interrompt un instant et prend appui sur son balai.

– La légende raconte qu'avant de quitter la terre, le Seigneur Bouddha a convoqué tous les animaux, explique-t-elle, mais seuls douze d'entre eux se sont montrés disposés à lui faire leurs adieux. En récompense, il a promis de donner leur nom à chaque année d'un cycle de douze, en commençant par les premiers arrivés.

Tony mastique son dernier morceau de nouille, agréablement distrait par le bavardage de sa grand-mère.

– Les animaux se sont disputés pour savoir qui arriverait le premier, poursuit Jowmo avec un sourire malicieux. Finalement, ils ont décidé de faire la course. Le premier d'entre eux qui traverserait la rivière à la nage et atteindrait la rive opposée serait le premier à saluer le Seigneur Bouddha. Marché conclu! Les douze animaux se sont rassemblés au bord de la rivière et ont plongé dans l'eau. Le bœuf, qui était le plus fort, n'a pas tardé à prendre la tête du groupe, mais à son insu, le rat a sauté sur son dos au départ de la course. Alors, au moment où le bœuf allait se hisser sur la rive opposée, bien avant les autres animaux, le rat a bondi de son dos et est arrivé le premier.

– Qui est arrivé ensuite Jowmo? demande Tony en riant.

– Eh bien, c'est donc le rat qui a gagné la course, puis le bœuf, évidemment, suivi du tigre, du lapin, du dragon, du serpent, du cheval, du mouton, du singe, du coq, du chien et, enfin…

Jowmo ne peut s'empêcher de pouffer de rire avant de poursuivre.

– …du cochon, qui est très lent et très paresseux, et qui est arrivé le dernier.

Tony rit, lui aussi, en imaginant les efforts du pauvre cochon pour se hisser hors de l'eau et atteindre l'autre rive.

– Tu es né l'année du Coq, déclare Jowmo avec sérieux.

Elle pose son balai contre le mur et s'agenouille pour regarder Tony droit dans les yeux.

– Le coq est travailleur et têtu. Tu n'auras pas peur. Tu seras très, très courageux.

– Mais…

Tony n'a pas le temps de lui demander ce qu'elle entend par là, car soudain, il remarque Lowsi debout à ses côtés. Son grand-père semble capable de se déplacer avec la brise, et Tony n'a jamais la moindre idée du moment où il va apparaître. Il se prépare à recevoir une raclée pour avoir traîné à table, mais Lowsi se contente de prendre sa canne et de l'emmener à l'extérieur, dans la cour, puis vers la forêt.

Tony trottine derrière son maître en s'efforçant de le suivre. Ils marchent très longtemps jusqu'à ce que la forêt s'éclaircisse. Puis, le petit garçon s'aperçoit qu'ils sont parvenus au pied d'un immense escalier aux marches larges et profondes, creusées à flanc de montagne. Il lève les yeux, mais aveuglé par les rayons du soleil, il ne parvient pas à distinguer le sommet. Ils commencent à grimper, mais Lowsi ne ralentit pas pour autant la cadence. Tony a chaud et il est épuisé. Il est rapidement incapable de compter les marches, mais il doit y en avoir plus de cent! Enfin, ils atteignent le haut de la montagne, et Tony découvre un spectacle magnifique. Ce doit être le temple Shaolin dont son grand-père lui a si souvent parlé. C'est un édifice splendide, dont les dorures étincèlent au soleil, et qui semble s'élancer très haut dans le ciel. Tony protège ses yeux de l'éclat du soleil et jette un regard vers les immenses colonnes, les ornements et les étranges silhouettes d'animaux et d'êtres mystiques qui semblent l'observer. Il n'a jamais rien vu de semblable auparavant, pas même dans son livre d'images à la maison.

– Viens, dit Lowsi en le guidant vers une vaste entrée, richement décorée, qui mène à l'ombre du pavillon principal. Une odeur sucrée flotte dans l'air. Elle titille les narines de Tony qui ne peut s'empêcher d'éternuer. Lowsi fronce les sourcils.

– Bâtons d'encens et fleurs de cerisier, explique-t-il. Cela nous sert d'offrande pour honorer Bouddha.

Tony suit son maître vers l'immense statue luisante, située à l'extrémité du temple. Elle représente un homme, assis les jambes croisées, les mains jointes devant lui comme pour prier. C'est donc lui qu'on appelle Bouddha?

Les pensées de Tony le ramènent soudain vers son père qui lui a appris à prier en joignant les mains de la même manière. «Tous les bons petits catholiques devraient dire leurs prières à Dieu», affirmait-il. A la maison, ils avaient l'habitude de chanter une petite comptine à l'heure du coucher, mais Tony est incapable de s'en rappeler. Un sanglot lui noue la gorge alors qu'il songe à son père. Cependant, il se force à ravaler ses larmes, et les souvenirs de son foyer disparaissent rapidement.

Ce Bouddha est-il Dieu? Tony n'en est pas sûr. Jowmo lui a parlé de nombreux dieux: le dieu de la cuisine, le dieu de la terre, le dieu du feu et les innombrables autres divinités des portes d'entrée et des portails. En fait, d'après Jowmo, presque tous les objets de la maison possèdent leur dieu, et elle observe d'innombrables rites pour tenter de satisfaire chacun d'eux.

Tony contemple le visage inexpressif de ce Bouddha. Puis, il voit Lowsi poser une bougie allumée contre un bâton d'encens long et fin.

– Le parfum apaisera ton esprit, dit sévèrement son grand-père. Si tu suis la voie de l'illumination, tu deviendras comme la fumée qui s'élève de l'encens vers les lieux célestes.

Tony acquiesce avec empressement, sans pour autant comprendre ce que veut dire son grand-père. Ils pénètrent ensuite dans un petit temple adjacent, où Lowsi allume une bougie qu'il place devant Tony.

– Maintenant, concentre-toi sur la flamme! dit-il. Respire profondément et lentement. Inspire par le nez, expire par la bouche.

Il montre au petit comment faire, et Tony s'efforce de l'imiter. Il lui faut un certain temps pour prendre le rythme.

– Vide ton esprit, dit Lowsi. Concentre-toi sur le «chi», et tu éprouveras une paix intérieure.

Qu'est-ce que cela veut dire? Tony sait qu'il vaut mieux ne rien demander. Il n'imagine pas combien de temps son grand-père va l'obliger à rester assis, parfaitement immobile, les yeux fixés sur la flamme. Il sent le sommeil l'envahir, mais chaque fois que ses paupières s'alourdissent, il est brutalement réveillé par une gifle.

Enfin, Lowsi éteint la bougie et annonce à Tony qu'il peut bouger.

– Vider son esprit de la sorte s'appelle «la méditation», explique-t-il. C'est seulement quand tu y arriveras que tu commenceras à emprunter le chemin de l'illumination, la voie de la véritable paix intérieure et de l'harmonie parfaite de l'esprit.

Tony fronce les sourcils. Il a l'impression que son grand-père parle par énigmes, mais il n'ose pas poser la moindre question. Il a appris à ses dépens à ne jamais parler sans y être invité.

– Grâce à la méditation, tu apprendras à maîtriser le «chi», poursuit Lowsi alors qu'ils traversent la cour. Le «chi» transformera ta pratique du kung-fu et te donnera une force et des capacités apparemment surnaturelles.

Soudain, Tony perçoit des cris et des halètements, ainsi que le raclement et le battement de dizaines de pieds sur le sol. A l'autre extrémité de la cour, il voit un groupe de garçons plus âgés. Ils ont tous le crâne rasé et portent une tenue orange, comme la sienne. Ils se battent avec des bâtons effilés et se portent des coups rapides. Leurs mouvements sont extrêmement fluides, presque semblables à des figures de danse, et tous paraissent chevaucher les airs comme des ombres.

– Ce sont des disciples du kung-fu. Ils s'entraînent selon la méthode de la grue, explique Lowsi. C'est une des figures de combat traditionnelles du Shaolin. Regarde la position de leurs mains, elle imite le bec ouvert de la grue.

Tony observe avec étonnement la vitesse et la puissance de leurs mouvements et de leurs jeux de pieds.

Après leur entraînement, les garçons s'alignent, la tête légèrement baissée. Tony ne peut s'empêcher de noter à quel point ils paraissent calmes. Malgré la vitesse et l'intensité des combats, ils transpirent à peine, et leur respiration est posée. Il remarque aussi que chacun d'eux vient s'incliner très bas devant Lowsi. Leur maître, lui aussi, s'immobilise devant lui pour lui témoigner le même respect.

«Lowsi doit être quelqu'un de très important», songe Tony. Pour la première fois, il se demande qui est réellement son grand-père. Tony le déteste de tout son cœur à cause des tourments qu'il lui inflige, mais ces garçons, eux, semblent éprouver un grand respect pour lui, comme s'il était un personnage de haut rang.

– Tu t'entraîneras aussi comme eux, dit Lowsi. La méthode de la grue n'est qu'un schéma de combat parmi d'autres. Un des secrets du guerrier Shaolin consiste à maîtriser les nombreuses techniques d'imitation des animaux. Nous allons donc passer beaucoup de temps à observer les bêtes de la forêt. Tu apprendras à faire un avec l'esprit d'un animal pour t'imprégner de ses mouvements, de sa force, de son habilité et de ses moyens de défense et d'attaque.

Tony ne comprend toujours pas les explications du vieil homme. Il est troublé, ne sachant pas qui est vraiment son grand-père, ni pourquoi il a été emmené en Chine. Mais un frisson d'excitation lui parcourt l'échine alors que les garçons disparaissent à l'intérieur du temple. Pourra-t-il apprendre, lui aussi, à se mouvoir et à se battre comme eux? Pourra-t-il fendre l'air de la sorte? Que signifie «devenir un guerrier Shaolin»? Et quels sont ces secrets dont parle son grand-père?

Chapitre 4

L'agression

Tony s'efforce de conserver l'enthousiasme qu'il a éprouvé à ce moment-là dans le temple, mais ce n'est pas facile. Car les jours suivants, son grand-père multiplie les exercices épuisants pour aguerrir son corps et le préparer à l'entraînement de kung-fu. Personne ne soigne ses plaies et, chaque matin, il redoute le nouveau défi que lui imposera Lowsi.

Quand il ne s'entraîne pas avec le vieil homme, il accomplit les nombreuses corvées qui lui sont imposées dans la petite ferme de ses grands-parents. Alors qu'il porte les énormes seaux de pâtée destinée aux porcs, il songe à l'histoire du cochon paresseux qui a tant peiné pour rejoindre l'autre rive. Il déteste ces animaux, leur odeur et leur brutalité. Lorsqu'il verse les restes de nourriture dans leur mangeoire, ils le bousculent et tentent même parfois de le mordre. Tony est petit, et les bêtes les plus grandes soufflent bruyamment par leur groin humide en aspergeant son visage. Elles le poussent si fort, qu'il tombe souvent dans leurs saletés puantes.

Les poules ne valent pas beaucoup mieux. Elles lui rappellent ce jour terrible à l'aéroport. Il se souvient encore de la vieille femme édentée et des volatiles qui, terrorisés dans leur cage, piaillaient et battaient des ailes.

La vieille jument d'attelage est sa seule source de réconfort, et il passe le plus de temps possible dans la chaleur feutrée de l'étable. Elle frotte son museau contre son visage et lèche ses larmes comme si elle comprenait son chagrin.

– Quand pourrai-je enfin rentrer chez moi? lui demande-t-il souvent.

Mais plus les mois passent, moins il pose la question et moins les larmes coulent. Mieux vaut ne plus y penser…

Les jours préférés de Tony sont ceux où il se rend au marché avec Jowmo. Ces expéditions sont à la fois effrayantes et palpitantes. Les ruelles fourmillent d'hommes et de femmes, de bicyclettes, de pousse-pousse, d'artistes de rue et de vendeurs qui proposent de tout, depuis les soins dentaires jusqu'aux chefs-d'œuvre calligraphiques. Parfois, Jowmo s'arrête devant l'échoppe du vendeur de nouilles. Tony salive en respirant les odeurs savoureuses et, si sa grand-mère le permet, il choisit un petit pain à la vapeur, fourré au porc ou, parfois, à la pâte de soja. Lorsqu'elle est vraiment de bonne humeur, Jowmo leur offre à tous deux un beignet sucré. C'est ceux-là qu'il préfère.

Tony reste tout près de sa grand-mère, craignant de se perdre dans la foule. Et s'il était attrapé par l'un de ces vieillards qui haranguent les passants, et pendu haut et court pour être rôti comme les cochons et les chiens? Il y a beaucoup d'animaux sur le marché, vivants ou morts: des chèvres, des canards, des lapins, des reptiles effrayants et toutes sortes de poissons étranges, exposés sur de grands étals en bois. Jowmo s'attarde devant le stand du poissonnier pour marchander.

– Ça sent mauvais! proteste Tony en tirant sur la manche de son vêtement pour la presser d'en finir.

Lorsqu'il se retourne, son sang se glace. L'homme aux serpents!

Vite, Tony se réfugie derrière sa grand-mère. Dissimulé dans les pans de sa tunique, il observe cet affreux personnage, comme il l'a déjà souvent fait auparavant. A tout moment, l'homme pourrait s'approcher et l'agripper avec ses doigts crochus... Soudain, il aperçoit Tony et fixe sur lui un regard menaçant, avant de cracher par terre en marmonnant quelque chose entre ses dents.

– Jowmo! Jowmo! viens... implore le petit en tirant sa grand-mère par le bras. Mais celle-ci le repousse impatiemment, n'étant pas consciente de sa terreur.

Tony est certain que, s'il en a l'occasion, l'homme aux serpents cherchera à s'emparer de lui. A son grand soulagement, une jeune femme s'arrête devant le stand et se met à fouiller parmi les serpents, les lézards séchés et les tortues d'eau douce vivantes. L'homme marmonne à nouveau quelque chose dans sa barbe, puis se tourne vers sa cliente.

Tony a les muscles endoloris par le poids des sacs de provisions.

– Il me reste encore une course à faire à la pharmacie avant de rentrer, annonce Jowmo, alors qu'il tente, non sans difficulté, de suivre son pas rapide.

Ils empruntent une allée sombre et franchissent une petite porte pour pénétrer dans une pièce faiblement éclairée. Un vieil homme vêtu d'une tunique d'un blanc éclatant plisse les yeux pour dévisager Tony à travers les verres de ses minuscules lunettes. Son regard lui rappelle celui que l'homme aux serpents pose sur ses tortues d'eau douce. Il murmure quelques mots à l'intention de Jowmo que Tony ne comprend pas. Elle hausse les épaules en soupirant et en caressant légèrement la tête du petit.

Alors que les deux adultes sont plongés dans leur conversation, Tony prend le temps d'observer l'échoppe. Les étagères débordent de bocaux et de vases mystérieux. Il s'y trouve aussi d'immenses jarres, scellées pour la plupart; mais même en se hissant sur la pointe des pieds, Tony peut à peine en distinguer le contenu. Il lève les yeux vers les bocaux en verre de toutes formes et de toutes tailles, au contenu varié: cela va des scorpions et scarabées au miel et aux serpents lovés sur eux-mêmes.

– Ah, ils te plaisent, n'est-ce pas? dit l'homme en faisant sursauter Tony.

Il tend la main et prend un des bocaux sur l'étagère pour que Tony puisse le voir de plus près. Le petit grimace en apercevant cinq couleuvres qui flottent dans un liquide clair. Jowmo et l'homme éclatent de rire.

– Viens! dit l'homme en attirant Tony vers l'une des grandes jarres.

Tony interroge Jowmo du regard, mais celle-ci sourit en le poussant vers l'avant. L'homme le soulève pour lui permettre de regarder à l'intérieur de l'immense récipient et, là, il voit un cobra géant! Le reptile ne semble pas conservé dans un liquide, comme si… Non! Alors qu'il l'observe, la créature gigantesque paraît remuer. Tony se met à trembler, sans pour autant pouvoir détacher son regard du serpent géant. La jarre entière semble se dérouler devant lui jusqu'à ce qu'il se retrouve face à face avec deux yeux brillants qui le fixent sans ciller. Il retient son souffle. D'un air endormi, l'animal paraît presque sourire en goûtant l'air de sa grande langue luisante. Tony jette un regard anxieux vers Jowmo et est soulagé lorsque l'homme le repose à terre. Le cobra retourne alors à son sommeil en se lovant dans sa jarre.

Sur le chemin du retour, Jowmo décide qu'ils se reposeront un peu à proximité d'un étang. La journée est chaude et moite, et Tony est heureux de pouvoir déposer un moment les sacs de marchandises pesants. Avec délice, il se rafraîchit en aspergeant son visage et son cou. Tout est calme, et il ne faut pas longtemps à Jowmo pour s'assoupir. Tony perçoit ses ronflements discrets. Il commence par s'allonger sur le dos et observe les étranges formes dessinées par les nuages dans le ciel, mais bientôt, l'envie de bouger est la plus forte. Laissant sa grand-mère et les provisions, il emprunte un petit sentier de gravier qui contourne l'étang et ramasse des cailloux pour faire des ricochets.

Soudain, il entend des voix. Un groupe de garçons plus âgés approche. Lorsqu'ils l'aperçoivent, ils se mettent à rire et à s'interpeller. Tony ne comprend pas les propos qu'ils échangent. Aveuglé par le soleil, il met sa main au-dessus de ses yeux, mais ne parvient pas à distinguer clairement les visages. Tony leur adresse un sourire, mais alors, un des garçons se précipite vers lui pour le gifler violemment. Le petit tombe à la renverse.

– Que…? bredouille-t-il en tentant de se relever.

Cette gifle n'est rien en comparaison de ce qu'il a coutume d'endurer sous la main de son grand-père, mais cette attaque inattendue lui a coupé le souffle.

– Qu'est-ce que tu fais-tu ici, «z'yeux ronds»?! demande l'un d'eux en lui crachant au visage.

Tony ignore ce qu'il doit répondre. Les garçons l'encerclent et il a tout à coup très peur.

Qu'a-t-il fait de mal? Que vont-ils lui faire? Il ne répond rien.

– Vous voyez, il ne parle même pas notre langue! s'exclame un autre. Vas-t'en, «z'yeux ronds», ta place n'est pas ici, *Lo han quilo*, «petit diable étranger»!

C'est le nom que lui donne Lowsi lorsqu'il le frappe. Tony sait qu'il ne ressemble pas aux autres garçons du village, pourtant qu'a-t-il fait pour mériter cela?

Il veut se relever, mais les autres le repoussent.

– Allez, «z'yeux ronds», dis-nous quelque chose! exige le plus grand en lui portant à nouveau un coup au visage, beaucoup plus violent cette fois.

Tony cherche désespérément une réponse. L'éclat du soleil l'empêche de distinguer clairement les traits du garçon penché sur lui. Il a un goût de sang dans la bouche et sa tête commence à tourner. Soudain, tous les voyous se jettent sur lui et lui assènent une pluie de coups de pied et de coups de poing. Tony hurle pour alerter sa grand-mère, mais celle-ci ne se réveille pas.

Puis, tout devient noir.

* * *

Quand Tony se réveille, il ne peut plus bouger. Il perçoit un bourdonnement et sent un souffle frais sur son visage. Il tente de voir quelque chose. Où est-il? Que sent-il sous sa tête? Un oreiller. L'espace d'un instant, il croit être de retour à Londres, mais non, il n'y a rien de familier dans ce lieu. En cherchant la source du souffle frais, il distingue un ventilateur au plafond et des murs blancs. Lorsqu'il bouge la tête, une douleur aiguë lui parcourt le corps. Baissant les yeux, Tony réalise que ses deux bras et une de ses jambes sont plâtrés. Voilà pourquoi il n'arrive pas à bouger. Une bouffée de panique l'envahit avant qu'il ne perde à nouveau connaissance.

Quand il revient à lui, il constate que la chambre est faiblement éclairée. Ah oui, l'hôpital! Des hommes parlent. Il parvient seulement à entrouvrir les yeux, mais il peut distinguer deux silhouettes debout au pied de son lit. Son sang se glace lorsqu'il reconnaît celle de son grand-père, Lowsi. Immédiatement, il referme les yeux, espérant que les deux hommes n'ont pas remarqué son réveil.

– Nous sommes certains qu'il a été agressé par des enfants des triades, affirme l'étranger. Ils font partie d'un groupe de Shanghai venu dans la région pour rendre visite à la famille.

Il s'ensuit un long silence. La tension est palpable. Tony entend son grand-père tapoter sur sa canne et frapper parfois le sol avec agacement. C'est le signe qu'il est très en colère…

– Ils ne pouvaient pas savoir que le petit était votre disciple, reprend l'étranger. Sinon, ils n'auraient pas osé humilier votre famille de la sorte…

– Dois-je comprendre que ces garçons ont reçu la correction qu'ils méritaient?!

Le ton de Lowsi est glacial. Tony reste parfaitement immobile et s'efforce de respirer lentement.

– Oui, tout à fait, répond l'étranger. La famille a pris des mesures très sévères, et les anciens souhaitent obtenir votre pardon.

– Vous arrangerez une rencontre! lance Lowsi.

Le silence retombe, et Tony comprend bientôt qu'il se trouve à nouveau seul.

* * *

Tony ne voit plus Lowsi pendant un certain temps. Il est si grièvement blessé qu'il doit rester plusieurs semaines à l'hôpital. Jowmo, sa grand-mère, vient parfois le voir, mais il passe de longues heures seul, à se remémorer l'agression et à s'efforcer de rassembler les bribes de conversation perçues çà et là.

– Qui sont les triades? demande-t-il un jour à son infirmière.

La jeune femme jette des regards inquiets autour d'elle, comme si elle craignait d'être épiée.

– Les membres des triades dirigent tout, chuchote-t-elle nerveusement. Ils sont vraiment dangereux!

– Comme la police?

– Non, ces gens sont méchants, ce sont des gangsters, explique-t-elle. Ils sont actifs partout en Chine, mais tu ne dois pas te mêler à eux. Ils respectent ta famille, et ils ne te feront aucun mal.

– Mais ce sont eux qui m'ont fait ça! s'écrie Tony. J'ai entendu un étranger le dire à mon grand-père.

– Les garçons qui t'ont agressé ignoraient qui tu étais, répond l'infirmière en promenant à nouveau autour d'elle des regards inquiets, comme si elle craignait pour sa vie. Tu es le petit-fils du grand Maître Cheung Ling Soo; même les triades n'oseraient pas l'offenser.

L'infirmière se tait en réajustant les pansements de Tony qui grimace de douleur.

– J'ai entendu dire qu'ils voulaient présenter leurs excuses, reprend-elle.

– Qu'est-ce que ça veut dire?

– Ça veut dire que si ton grand-père choisit de ne pas pardonner, il y aura un affrontement sanglant entre vos familles pendant cette génération et la suivante, jusqu'à ce que tu sois vengé.

«Vengé...» Tony ne comprend pas ce mot, mais toutes ses nuits sont hantées par le ricanement des garçons qui l'ont roué de coups. A son réveil, il imagine que son grand-père les massacre à coups de canne en bambou.

«Un jour, moi aussi, je deviendrai un Grand Maître en kung-fu, songe-t-il. Et ce jour-là, ils regretteront leur geste!»

Chapitre 5

Lo Fu Zai

Quatre années passent. Quatre années d'entraînement rigoureux sous la main du maître, qui musclent le corps de Tony et affinent son intelligence. Le voici désormais largement engagé sur la voie qui fera de lui un guerrier Shaolin habile et sûr de lui. De nombreux jeunes garçons du village s'entraînent à la pratique du kung-fu, mais lui seul est formé par le puissant Cheung Ling Soo.

– Pourquoi est-ce que tout le monde semble connaître mon Lowsi? demande-t-il un jour à Jowmo.

La vieille femme aux cheveux gris sourit fièrement.

– Ton grand-père est un des hommes les plus respectés de toute la Chine, répond-elle. Il est un des rares Grands Maîtres de la tradition ancienne du kung-fu, que ses ancêtres ont préservée pendant plus de cinq siècles.

Elle s'approche de Tony et prend tendrement son visage dans ses mains.

– Je sais que tu le crois cruel et sans cœur, mais il t'instruit dans la voie la plus noble, la voie que son père et son grand-père ont enseignée avant lui. Il n'y a pas d'autre garçon dans la famille. Tu as treize cousines mais pas un seul cousin. Or, il est important que la tradition du kung-fu soit transmise à un homme. Toi, bien sûr…

Sur ces mots, Jowmo s'interrompt, embarrassée, et se détourne.

– Quoi Jowmo?

– Ton grand-père a du mal à t'accepter pleinement parce que tu n'es pas complètement chinois. C'est pour cette raison qu'il t'appelle «petit diable étranger» ou «z'yeux ronds». Ton père est italien. Nous avions envoyé ta mère en Angleterre pour ses études, mais nous n'imaginions pas qu'elle y rencontrerait un étranger et qu'elle l'épouserait. C'est très dur à accepter pour nous.

Tony fixe tristement le sol. Il n'a plus pensé à son père depuis très longtemps. Il ne se souvient même plus des traits de son visage.

– Ton grand-père est un homme très orgueilleux. Et il met son honneur en jeu en t'éduquant dans la voie du kung-fu. Tu dois t'en rappeler et travailler très dur pour lui.

Tony ne sait plus quoi penser. Ses souvenirs de Londres sont effacés depuis longtemps. Il ne réfléchit même plus en anglais et parle encore moins cette langue. La Chine est désormais son pays. C'est sa vie. Et sa mission consiste à gagner le respect de son grand-père. Il est facile de détester Lowsi pour sa cruauté, mais l'honneur n'a pas de prix. Tony le comprend. Il travaillera dur et il apprendra tout ce qu'il pourra de Cheung Ling Soo. Ainsi, il deviendra le plus grand guerrier Shaolin de toute la Chine.

* * *

Un jour, Tony et Lowsi parcourent la forêt au pied des montagnes. L'épais feuillage procure une fraîcheur bienfaisante après la chaleur brûlante du soleil. Ils marchent souvent pendant des heures, plongés dans une méditation silencieuse, mais parfois, Lowsi profite de ces randonnées pour instruire son disciple. Car il y a beaucoup à apprendre.

Ce jour-là, Tony récite ce qu'il sait sur les empereurs qui ont gouverné la Chine avant la Révolution culturelle[1]. Mais tout à coup, il se fige.

Qu'est-ce que c'est? Il lui semble avoir perçu un mouvement dans les broussailles, non loin d'eux…

– Ne t'arrête pas! ordonne Lowsi.

Tony tend l'oreille et écarquille les yeux, dans l'espoir de distinguer quelque chose.

– Elle nous entend! dit Lowsi dans un souffle.

Bien sûr, son grand-père a, lui aussi, remarqué une présence. Il a des yeux perçants et est capable de repérer le moindre battement d'ailes d'un papillon.

– Elle? interroge Tony. Qui ça, elle?

– La tigresse blanche, répond doucement Lowsi.

Tony retient sa respiration et tente de ne pas laisser paraître son étonnement et son excitation.

– Elle suit notre trace depuis plus de trois kilomètres, à présent, dit Lowsi. Tu viens seulement de t'en rendre compte?

---

[1] Période de l'histoire de la Chine correspondant au mouvement politique, idéologique et armé imposé par Mao Zedong de 1966 à 1976. (N.d.E.)

– Oui, répond Tony à sa grande honte.

Sa formation exige qu'il soit constamment aux aguets, qu'il s'attende à l'inattendu et reste toujours conscient de ce qui se passe autour de lui.

– Le tigre blanc est un animal très particulier, explique Lowsi. Peu de gens savent qu'il vit ici. Certains le chasseraient bien pour sa fourrure, mais dans la forêt, il est en sécurité.

Alors qu'ils poursuivent leur marche, Lowsi instruit son élève en détail sur les habitudes du tigre blanc, sur son mode de vie et sur sa façon de se déplacer et de traquer ses proies. Tony aimerait que l'animal se montre, mais la forêt est dense et il craint de ne jamais pouvoir le voir de près.

– Sois patient! ordonne Lowsi. Continue à marcher! Elle est curieuse. Elle viendra.

Bientôt, la forêt s'éclaircit, et ils débouchent dans une petite clairière. Avec la rapidité du lézard et l'agilité d'un singe, Lowsi grimpe dans un arbre. Tony le suit, excité à l'idée que la tigresse puisse se montrer. Les minutes s'écoulent très lentement. Confortablement perché à ses côtés, Lowsi paraît calme et détendu, mais Tony sait que tous ses sens sont en alerte, comme ceux d'un oiseau de proie.

Tout à coup, Lowsi pointe sa canne vers l'épais rideau verdoyant.

– C'est elle?! demande Tony avec une excitation non dissimulée.

– Sois patient et garde le silence. Je te l'ai déjà dit, elle est curieuse, elle viendra.

Les yeux du jeune garçon s'écarquillent d'émerveillement lorsque le magnifique animal s'avance à pas feutrés dans la clairière. La tigresse lève la tête vers le ciel pour humer l'air. Tony distingue clairement sa somptueuse fourrure crémeuse, ornée de rayures chocolat. Elle s'approche encore, et il peut alors voir ses yeux bleu pâle et son museau rose et tendre.

– Admire la puissance de sa démarche calme et posée! murmure Lowsi.

La tigresse s'étire, s'assoit sur son arrière-train musclé et montre ses crocs jaunes en bâillant paresseusement.

– Elle joue avec nous. Je la suis depuis de nombreuses années; elle connaît mon odeur.

L'animal semble, en effet, très détendu, mais Tony sent son cœur battre la chamade alors qu'il fait jouer ses griffes, tranchantes comme des lames de rasoir.

– Tu dois non seulement apprendre à imiter les mouvements de son corps, mais aussi sa façon de penser et même de respirer, chuchote Lowsi.

Son grand-père lui a déjà fait découvrir de nombreux animaux, et il a passé des heures à observer divers insectes et serpents dans le cadre de son entraînement. Etudier leur mode de vie lui permet de reproduire leurs mouvements. Il apprend la technique de combat de la vipère, extrêmement tranchante, la figure lovée du cobra, celle de la mante religieuse, très habile, et la méthode de défense du scorpion, terriblement douloureuse pour l'adversaire.

Dès l'instant où il pose les yeux sur lui, il sait que le tigre lui appartiendra. Telle est la technique de combat qu'il revendiquera pour sienne. Il n'a jamais été si enthousiaste. Il est décidé à s'approprier la force, la vitesse et la capacité de traquer sans être pris au piège de cet animal d'une rare beauté. Tony sait que s'il y parvient, il deviendra un combattant invincible.

Les semaines suivantes, ils suivent la tigresse blanche à plusieurs reprises. Tony est toujours pressé d'achever ses corvées dans l'espoir que son grand-père l'emmène dans la forêt, sur les traces de l'animal. Parfois, Lowsi emporte de gros morceaux de viande crue pour l'attirer vers eux. Un jour, à la fin de l'été, ils la pistent jusque dans la clairière où ils l'ont observée pour la première fois. Elle s'y rend souvent pour se reposer et jouer. Tony a appris à se déplacer sous le vent pour éviter d'être repéré par la bête avant d'être tout proche.

Ce jour-là, c'est lui qui ouvre la voie, suivi de près par Lowsi, qui analyse le moindre de ses mouvements, selon son habitude. A leur arrivée dans la clairière, la tigresse lève la tête vers eux. Les arbres laissent filtrer des rais de lumière qui projettent des reflets soyeux sur sa fourrure. Elle est plus belle que jamais, et Tony frissonne d'excitation. «Elle me reconnaît», songe-t-il avec satisfaction en la voyant frapper le sol d'un léger coup de queue, puis reposer sa tête sur le lit de fougères. Comme toujours, Lowsi grimpe dans un arbre. Tony s'apprête à faire de même, mais le vieil homme lui fait signe de rester au sol. Qu'a-t-il en tête?

– Vas vers elle! chuchote-t-il.

Tony est stupéfait. Que veut-il dire? Ils sont déjà dangereusement près de l'animal sauvage. S'approcher davantage serait très risqué, mais Tony sait qu'il n'a pas intérêt à désobéir à son grand-père. Il sent le rythme de son cœur s'accélérer et ses mains se mouiller de transpiration.

– Maîtrise-toi! siffle Lowsi. Concentre-toi sur ta respiration! Elle ne doit pas sentir ta peur.

Tony connaît la technique. Après des heures d'entraînement, il a appris à contrôler son propre corps. Au moyen de la respiration et de la méditation, il parvient à ralentir son rythme cardiaque et faire baisser la température de son corps. Il se concentre à présent sur les instructions de son grand-père.

– Elle te connaît. Approche-toi d'elle comme si tu étais des siens. Deviens l'un de ses petits.

Tony fait quelques pas prudents.

– N'aie pas peur, sinon tu mourras! ajoute Lowsi avec fermeté.

Tony n'en doute pas une seconde! Lentement et prudemment, il dépose son bâton de marche. Puis, il baisse la tête et plaque ses bras le long du corps. «Elle ne doit pas me considérer comme une menace!» se dit-il.

La tigresse lève son énorme tête et fixe les yeux sur lui, mais Tony prend soin de ne pas lui rendre son regard. En s'efforçant de respirer lentement et calmement, il avance à petits pas mesurés. Il se trouve bientôt à portée de bras du splendide animal. Un instant, il se tient immobile. La puissante tigresse demeure calme et laisse paresseusement retomber sa tête sur le sol. Tony sourit intérieurement.

Osera-t-il? Lentement, il se retourne vers son grand-père, toujours perché dans l'arbre. Lowsi acquiesce. Prudemment, Tony se penche en tendant la main. La tigresse cligne lourdement des yeux et relève la tête. Elle rappelle à Tony ces chats qui traînent dans la cour de la maison en réclamant des caresses. Avant qu'il ne comprenne pleinement ce qu'il est en train de faire, sa main caresse la bête. Elle appuie son museau contre sa paume et montre le bout de sa langue en léchant ses longues moustaches. Un frisson d'excitation parcourt Tony. Rougissant de plaisir, il se tourne à nouveau vers Lowsi.

Puis, soudain, il y a un craquement: le bruit sec d'une branche qui casse. Tony sursaute, et le tigre relève la tête en donnant un violent coup de patte vers lui. Le jeune garçon réussit à l'éviter, mais un deuxième coup suit. L'animal commence à se redresser, et Tony sait que quelques secondes plus tard, il sera réduit en bouillie! Son instinct lui hurle de s'enfuir à toutes jambes, mais c'est évident, il n'en aura jamais le temps. Il choisit plutôt de plaquer à nouveau ses bras contre son corps, de baisser la tête et de reculer d'un pas.

«Ne bouge pas, surtout, ne bouge pas!» se répète-t-il en serrant les dents. La tactique s'avère payante. L'animal ne se redresse pas davantage. Tony recule encore, et la tigresse retourne à son paisible repos.

Tony demeure immobile un moment encore, jusqu'à ce qu'il soit certain que l'animal s'est apaisé. Puis, sans le quitter des yeux, il retourne, à reculons, à l'abri des arbres.

Lowsi l'accueille en s'inclinant. C'est la première fois qu'il lui témoigne cette marque de respect.

– Tu apprends bien, lui dit-il. Désormais, tu t'appelleras *Lo Fu Zai*, ce qui signifie «Petit tigre».

Chapitre 6

Le combattant kung-fu

Peu de temps après, Lowsi emmène à nouveau son petit-fils au plus profond de la forêt. Ils se lèvent très tôt et parcourent des kilomètres avant que le soleil ne perce l'épais feuillage. Tony pensait connaître la plupart des sentiers qui sillonnent la forêt, mais ce jour-là, ils prennent une nouvelle direction. Sans fin, ils marchent en écartant les branches et en enjambant parfois des troncs couchés sur cet ancien chemin recouvert par la végétation. Lowsi avance avec détermination. Il sait exactement où il va, et Tony se demande ce qui l'attend. Il est sûr que son grand-père a une idée en tête. Il frissonne. De quoi peut-il bien s'agir?

Soudain, Lowsi s'immobilise. Ils ont atteint une petite clairière. Tony avale péniblement sa salive. Devant lui se trouve un énorme bac en bois, suspendu à de grosses branches par une lourde corde. En regardant plus attentivement, Tony s'aperçoit que des centaines de pointes acérées en métal sont fixées sur le dessous de la structure.

– Place-toi sous le bac dans la position du tigre! ordonne Lowsi en empoignant la corde.

Sans discuter, Tony s'installe à plat ventre sur le sol, s'appuyant sur les mains et les genoux, puis étend les jambes en portant tout son poids sur ses bras et ses orteils.

– Plus bas! exige son grand-père.

Tony positionne ses cuisses parallèlement au sol.

– Cette position est celle du tigre à plat, dit Lowsi en laissant doucement glisser la corde entre ses mains. Le bac descend en craquant vers Tony.

– Cet exercice te musclera les jambes!

Son visage est presque à même le sol. Lowsi abaisse encore le bac, et les pointes de métal effleurent les épaules, le dos et les jambes du jeune garçon.

– Veille à ne pas te relever! avertit Lowsi.

Puis, c'est le silence. Lowsi a disparu dans la forêt.

Tony ne peut pas bouger d'un pouce. Il n'a aucune notion du temps, mais après ce qui lui paraît une éternité, ses muscles commencent à lui faire vraiment très mal. Il n'a qu'une envie: changer de position. Cependant, au plus infime mouvement, les pointes acérées s'enfonceront dans sa chair. Il ferme les yeux et tente de méditer, mais ses membres le brûlent atrocement à force de supporter tout son poids. Combien de temps son grand-père le laissera-t-il dans cette posture? Des gouttes de sueur coulent de son crâne et de son visage et forment de petites flaques sous son nez, dans la poussière.

Il lui faut changer de position pour mettre un terme à cette terrible souffrance. Aïe! Il a à peine bougé qu'une des pointes s'est enfoncée dans son épaule droite. Des gouttes de sang se mêlent désormais à la sueur et à la poussière. Les larmes roulent sur ses joues alors qu'il s'efforce de maintenir la tension dans ses muscles parcourus d'élancements. Que peut-il faire? Rien, juste tenir bon, se concentrer et s'efforcer de penser à autre chose qu'à cette torture…

Soudain, il entend la voix de son grand-père. Lowsi est de retour.

– Tu peux soulager la douleur en faisant glisser une jambe latéralement sur le sol, dit-il froidement.

Les jambes de Tony sont tellement engourdies qu'il ne croit pas pouvoir bouger. Il prend une profonde respiration et soulève enfin sa jambe gauche en expulsant l'air de ses poumons. Une douleur fulgurante lui transperce le corps alors qu'il se fige dans sa nouvelle position.

– Cette position est celle de l'arc et de la flèche, explique Lowsi. Nous la répéterons, ainsi que d'autres mouvements plats, car il faut que tu arrives à passer rapidement de la figure du tigre plat à la position de combat du chat, avant d'adopter celle du cheval.

Tony sait que cela implique encore d'interminables heures d'entraînement douloureux, mais il est déterminé. Ses jambes deviennent peu à peu des nœuds de muscles, durs comme de la pierre, tandis que, jour après jour, Lowsi lui impose de nouveaux exercices pour éprouver son endurance.

Le lendemain, tout sont corps est encore endolori. Il est heureux que son grand-père lui attribue cette fois une tâche d'un genre très différent. Après leurs exercices matinaux dans la cour, il lui remet un encrier, un bel ensemble de plumes en cuivre et un morceau de parchemin.

– Ecris tout ce que tu as appris sur la technique de combat du tigre! ordonne Lowsi.

La cour a toujours été pour Tony un lieu de souffrance et de torture, mais aujourd'hui, il se réjouit de s'y installer pour travailler au soleil. Il jette un regard au-delà du portail et du mur d'enceinte, vers le versant sud de Hanshan Si, la Montagne froide. Il imagine le tigre blanc en train de rôder dans la forêt, de traquer sa proie et de se cacher des chasseurs sur les sommets les plus élevés. Il sourit. Clignant des yeux sous la lumière du soleil, il peut deviner au loin la vague silhouette du monastère, perché sur la montagne. Il s'y est rendu à plusieurs reprises avec son grand-père, mais la marche est longue, froide et périlleuse.

Au-dessus de lui, des animaux mythologiques dansent sur le toit de la maison. Il se souvient de la terreur qu'il éprouvait les premiers jours, lorsqu'il se trouvait dans cette cour. Tout cela lui paraît si lointain maintenant. Aujourd'hui, il connaît la signification de ces étranges créatures. Jowmo lui a raconté les nombreuses légendes transmises par leurs ancêtres à ce sujet. Comme la plupart des habitants de son village, elle est très superstitieuse et croit que ces figures protègent la maison contre le mal. Lorsqu'il était petit, Tony était effrayé par ses curieux récits peuplés de démons, de divinités et d'esprits malins. Désormais, il est convaincu que grâce au kung-fu, il n'a plus à craindre ni rien, ni personne.

Lowsi connaît plusieurs terribles méthodes pour forcer son jeune disciple à vaincre la peur. Une fois, ils partent à l'ascension d'une montagne. Ils grimpent plusieurs jours avant d'atteindre une crête extrêmement impressionnante. Une tempête fait rage et Tony peut à peine voir où il pose les pieds. Il sait qu'un seul faux pas peut le précipiter dans le vide vers une mort certaine. L'escalade a déjà été suffisamment pénible, mais Lowsi l'oblige en outre à faire ses exercices juste au bord du vide. Alors que la pluie glaciale transperce sa fine tunique et que les rafales de vent menacent de le jeter dans l'immense précipice, Tony rassemble ses pensées et tente de se concentrer. Son grand-père étant à ses côtés, il lui est strictement interdit de montrer sa peur.

* * *

Pendant plusieurs années, Tony poursuit son pénible entraînement et, lorsqu'il est âgé de 11 ans, son grand-père commence à organiser des combats. Il peut désormais s'entraîner avec d'autres garçons. Ensemble, ils visitent des temples partout en Chine pour rencontrer des élèves de kung-fu. Il leur arrive de s'absenter pendant des mois et de se rendre jusque dans le nord-est du pays et au Tibet, et parfois même de traverser la frontière pakistanaise.

Tony a appris à ne manifester aucune émotion. Ni peur ni chagrin, ni joie ni excitation. Pourtant, lorsqu'il aperçoit pour la première fois les lueurs du port de Hong Kong, ses yeux s'écarquillent d'émerveillement. Ils sont sur l'île pour une compétition. L'endroit lui paraît si étrange. Tony a conservé très peu de souvenirs de son premier foyer, mais lorsqu'il voit tous ces hommes et ces femmes vêtus à l'occidentale, les nombreuses voitures et l'agitation incessante de la rue, cela lui rappelle la vie à Londres. Pendant quelques instants, il s'interroge au sujet de ses parents. Vivent-ils encore là-bas? Pourquoi ne lui ont-ils jamais écrit? Son père est-il toujours malade? Les reverra-t-il jamais? L'émotion l'étreint soudain au plus profond de lui-même. Mais il écarte rapidement ces pensées. Pourquoi se pose-t-il ces questions? Il n'a besoin de personne. Il a le kung-fu et c'est tout ce qui importe.

– Le «kumatai» est la plus grande des compétitions, explique Lowsi en le guidant dans un dédale de ruelles sombres.

Beaucoup d'hommes semblent emprunter la même direction, mais Tony n'aperçoit que quelques garçons de son âge. Eux aussi sont des disciples, venus à Hong Kong avec leur maître, pour assister au «kumatai». L'atmosphère se fait plus pesante et, lorsqu'il lève les yeux, il peut à peine distinguer la lumière du jour entre les immenses édifices. Enfin, ils s'engouffrent dans un local par une porte étroite.

Le vacarme surprend Tony. Les voici dans une grande salle qui empeste la sueur et l'animal. Des centaines de chaises forment un grand cercle autour d'une arène de fortune. Des hommes crient, gesticulent et sifflent pour attirer l'attention et miser leur argent. Tony et son maître prennent place au milieu de la foule déchaînée.

– Ils sont assoiffés de sang, explique Lowsi alors que le jeune garçon regarde autour de lui. Le «kumatai» est une compétition de lutte libre où tous les coups sont permis. Toutes les formes d'arts martiaux y sont pratiquées.

– Ça veut dire que des hommes vont mourir aujourd'hui ici? demande Tony en comprenant que les participants ne reculeront devant rien pour remporter la victoire.

– Oui ou, du moins, ils seront gravement blessés. C'est pourquoi il y a tant d'argent en jeu.

Tony observe quelques participants occupés à s'échauffer. Ils pratiquent la boxe thaïe et mêlent divers mouvements de karaté à d'autres disciplines passablement différentes du kung-fu qu'il connaît. Un frisson d'excitation le parcourt devant la frénésie des parieurs qui crient pour placer leur mise.

Tony sait que son grand-père a participé au «kumatai» à plusieurs reprises, et qu'il en est toujours sorti vainqueur. Il jette un coup d'œil vers son maître, assis à ses côtés dans une méditation silencieuse. Puis, comme s'il lisait dans ses pensées, son grand-père lui dit: «Un jour, bientôt, Lo Fu Zai, c'est toi qui seras le grand vainqueur du 'kumatai'.»

Et Tony sait qu'il a raison.

Chapitre 7

Le souffre-douleur

– Tu rentres à Londres.

Tony n'en croit pas ses oreilles. Après toutes ces années, il est renvoyé à Londres!

– Tu retournes vivre avec tes parents, lui annonce Lowsi, mais j'ai pris des dispositions pour que tu poursuives ton entraînement. Tu reviendras auprès de moi lorsque le moment sera venu.

«Quel moment?» se demande Tony, mais il sait qu'il ne faut jamais discuter quand son grand-père lui donne un ordre. Il tente plutôt d'imaginer ce qui l'attend. Reconnaîtra-t-il son père et sa mère? Ils sont désormais des étrangers pour lui. Seront-ils heureux de le revoir? Il a depuis longtemps oublié l'anglais qu'il parlait lorsqu'il était petit. Il ne connaît plus que le chinois. Et s'ils ne se comprennent pas? Il se rappelle vaguement que son père était malade… Oui, cela lui revient à présent. C'était la raison évoquée par sa mère pour l'envoyer en Chine alors qu'il avait à peine 4 ans. Tony frissonne au souvenir des premiers jours passés chez son grand père: les exercices douloureux, les coups quotidiens…

Ils passent le trajet jusqu'à l'aéroport dans la méditation, mais Tony est inquiet. Il risque un œil vers le vieil homme, assis calmement à ses côtés. A quoi ressemblera sa vie lorsqu'il sera libéré de sa présence? Tony ne peut l'imaginer. Son entraînement a extirpé de lui le moindre sentiment de crainte, mais le voici face à quelque chose de tout à fait nouveau. Il éprouve une sensation étrange au creux de l'estomac, et la pensée de devoir vivre à Londres et de retrouver ses parents lui donne des sueurs froides. L'univers de Tony est sur le point d'être complètement bouleversé, et il n'a pas d'autre choix que d'accepter docilement ce qui se présente à lui.

Lowsi ne rompt le silence que lorsqu'ils arrivent à destination.

– J'ai pris des dispositions par le biais de la Fédération internationale de Kung-Fu, basée à Genève, en Suisse. Ils t'attribueront un professeur agréé à Londres et te payeront le meilleur des entraînements.

Sur ces mots, Lowsi le salue, se détourne et s'en va.

Tony regarde un instant son grand-père s'éloigner. Il a toujours eu peur de lui. Pire encore, il le déteste. Mais Lowsi est son maître, il le respecte et il n'a personne d'autre. Désormais, il se trouve seul au monde…

L'avion s'élance vers le ciel. «Qui m'attendra à l'arrivée? se demande Tony. A quoi est-ce que ça ressemble en Angleterre? Comment sont mes parents?» Il en sait si peu à leur sujet… et ne parle même plus leur langue.

Il s'endort, bercé par le ronronnement des moteurs. Lorsqu'il se réveille, il constate que l'appareil amorce sa descente vers l'aéroport d'Heathrow. C'est le début de sa nouvelle vie. Durant le vol, les hôtesses ont pris soin de lui. Il est rare qu'un enfant de 12 ans voyage seul. A sa descente de l'avion, une jeune femme visiblement très gentille, désignée par la compagnie aérienne pour l'accompagner, le prend par la main. Il se sent très bête. Autant qu'il se souvienne, personne ne lui a jamais tenu la main de cette façon, mais il serait mal poli et irrespectueux de se dégager. Elle tente de bavarder un peu avec lui, mais Tony garde le silence.

Ils suivent les autres passagers vers le hall des arrivées. Tony s'accroche solidement à son petit sac de toile. Il n'a pas emporté grand-chose: juste une tunique de rechange et quelques livres.

Les voici soudain plongés dans un océan de visages. Tous ces gens attendent leurs proches. Où sont ses parents? Comment les reconnaîtra-t-il? Il observe la foule qui s'agite en tous sens. Les voyageurs paraissent tous savoir où ils vont.

– Tony?

Il se retourne et voit deux personnes. Il sait immédiatement que la femme est sa mère. Elle est chinoise. Ses lèvres sont renforcées par un rouge éclatant et ses yeux bordés d'épais cils noirs. Elle est plutôt jolie. A ses côtés, un homme aux cheveux gris est assis dans un fauteuil roulant. Est-ce son père? C'est seulement lorsque l'homme lui sourit que Tony se souvient de lui. Oui, c'est son père. Mais il paraît si faible, et beaucoup plus petit que Tony ne l'a imaginé. Les deux femmes échangent quelques mots, puis l'accompagnatrice lâche la main de Tony et s'en retourne après lui avoir adressé un dernier sourire.

Il a certes retrouvé ses parents, mais les jours qui suivent n'en sont pas moins pénibles. Tony s'efforce de comprendre ce qu'ils disent. Sa mère lui adresse parfois quelques ordres en chinois, mais elle ne prend que très rarement le temps de parler avec lui.

– J'ai besoin de toi pour faire les courses! lui dit-elle sèchement un jour.

Ils prennent le bus jusqu'au supermarché du quartier, qui se trouve un peu plus loin sur la route. Tony se souvient des longues marches qu'il lui fallait faire avec Jowmo pour se rendre au marché. Il devait porter des sacs de provisions très lourds, mais il ne s'en souciait guère. Il se réjouissait toujours de pouvoir échapper à son entraînement et se plonger dans l'agitation des petites échoppes et des étals des marchands ambulants.

Tony s'accroche au chariot métallique que sa mère pousse le long des allées violemment éclairées du supermarché. Il ne reconnaît pas la plupart des produits disposés sur les rayons, mais il est intrigué par les innombrables boîtes, conserves et emballages colorés.

A la caisse, il aide sa mère à vider le contenu du Caddie sur l'étrange tapis de la caissière. Il n'a pas encore terminé qu'il est poussé vers l'avant.

– Avance, vas remplir les sacs! ordonne sa mère en agitant la main.

Tony ne comprend pas vraiment ce qu'elle dit. «Pourquoi ne parle-t-elle pas chinois?» se demande-t-il avec irritation. Il jette un œil vers les autres caisses et voit les clients enfourner leurs achats dans des sacs en plastique. Il les imite consciencieusement.

Il jette à nouveau un œil vers sa mère et remarque qu'elle a posé son manteau sur quelques marchandises restées dans le chariot. Elle pousse le Caddie le long de la caisse et sort son porte-monnaie pour payer.

– Maman, regarde! dit Tony en tentant d'attirer son attention.

Elle l'ignore.

– Maman, tu as oublié quelque chose! Il reste des marchandises dans le chariot, dit-il en chinois.

Mais elle lui lance un regard lourd de reproches.

– Tais-toi! siffle-t-elle.

– Mais regarde, là, sous ton manteau, insiste Tony en chinois, croyant que sa mère n'a pas entendu.

Elle tourne vers lui un visage dur et sévère, qui lui donne l'impression d'être face à son grand-père. Oui, il connaît ce regard. C'est celui qui lui intime de se taire s'il ne veut pas avoir de problèmes. Soudain, tout devient clair. Tony a compris: sa mère sait exactement ce qu'elle fait. Elle a dissimulé des marchandises sous son manteau et n'a aucune intention de les payer. Sa mère vole! Doit-il tenter de la raisonner? Avant qu'il ne puisse se décider, elle le pousse sans ménagement et sort en toute hâte du magasin. Tony reste à la traîne en portant les sacs de commissions.

Ils rentrent en silence à la maison. Tony a chaud et il est mal à l'aise. Pourquoi sa mère se conduit-elle de la sorte? Il jette un coup d'œil dans sa direction, puis s'empresse de fixer à nouveau ses genoux. Elle regarde droit devant elle, les lèvres serrées et le front barré par un pli profond. Il comprend qu'il ne devra plus jamais évoquer cet incident.

Tony regarde tristement par la fenêtre. Tout ce qu'il voit ici est si différent de ce qu'il connaît. L'Angleterre est un pays bruyant et pollué, et tout le monde paraît pressé. Pire encore, sa mère est une voleuse! «Je ne me sentirai jamais chez moi, ici», pense-t-il. Il éprouve à nouveau cette étrange sensation au creux de l'estomac. Tony entre rapidement en méditation et s'empresse d'écarter l'angoisse qui menace de le saisir.

La nuit, il dort à même le sol. Il ne parvient pas à s'habituer au lit moelleux avec ses draps et ses couvertures. Souvent, il reste allongé sans trouver le sommeil. Et lorsqu'il ferme les yeux, il croit entendre le clapotis de la rivière et le chant des criquets. Pourtant, non… Canton est de l'autre côté de la Terre. C'est le vacarme de la rue qui emplit désormais ses oreilles. Il entend le trafic, le trafic incessant, ponctué de cris lointains et de sirènes hurlantes.

* * *

Au bout de quelques semaines, Tony intègre le collège de son quartier. Il ne comprend pas grand-chose, et son moral est au plus bas. Les autres enfants sont mal polis, violents et se comportent mal. On lui a appris à ne jamais s'adresser directement à un adulte, à moins d'y être invité, et il est stupéfait par la manière dont ses camarades parlent aux professeurs. Pourquoi ces derniers se font-ils si mal respecter? Pourquoi tolèrent-ils de tels comportements?

Au début, il tente de ne pas se mêler au groupe. Il y a souvent du chahut dans la classe pendant l'intercours. Des garçons grimpent sur les tables en criant sur d'autres. Parfois, une bagarre éclate. Mais Tony reste assis en silence.

– Hé, «z'yeux bridés», t'as un problème?

Un garçon grassouillet, au visage rougeaud, s'affale lourdement sur le bureau de Tony, qui garde les yeux baissés.

– T'es pas très bavard, hein? insiste-t-il.

Tony ne bronche pas. Il joue calmement avec son stylo en se rappelant les recommandations de son maître.

«L'art du kung-fu a pour but de préserver la paix. N'utilise tes techniques de combat que pour te protéger.»

– Ho Chinetoque! Ta maman t'a jamais dit que c'était mal poli de ne pas répondre? l'interpelle à nouveau le gros garçon en élevant la voix.

A présent, les autres observent la scène, mais Tony s'obstine à regarder droit devant lui.

– Allez, quoi, fais-nous entendre le son de ta voix!

Un silence de plomb s'abat sur la classe. Chacun sait que Steve Jenkins est un petit tyran. Il s'en prend toujours aux enfants noirs et asiatiques. Les autres se contentent, pour la plupart, de l'éviter, mais ils sont curieux de voir comment réagira Tony. Car ce nouvel élève ne parle jamais. Il n'essaie même pas de se faire des amis. Pourquoi? Va-t-il se contenter de rester assis sans bouger et d'encaisser les insultes de Jenkins?

Tony sait ce qu'ils pensent de lui, mais il s'en moque. Il n'a besoin de personne. Quant à cet idiot de Steve Jenkins, il pourrait facilement le propulser à l'autre bout de la classe, s'il le voulait.

Son silence énerve le voyou. Le visage bouffi de Jenkins devient plus rougeaud encore.

– Fais gaffe, mec! gronde Jenkins. T'as intérêt à répondre quand j'te parle ou…

A ce moment, le professeur entre dans la classe.

– Assis! crie-t-il.

Les autres élèves se dirigent paresseusement chacun vers sa table.

– Steven Jenkins, retournez immédiatement à votre place! ordonne l'enseignant.

– Je t'ai à l'œil, Chinetoque! siffle Jenkins en glissant vers son bureau.

«Cet idiot n'a pas la moindre idée de ce qu'il risque…» songe Tony.

Par la suite, Jenkins s'obstine à le provoquer. Chaque fois qu'il l'aperçoit, il lui crie des stupidités et des insultes. Mais Tony ne se laisse pas impressionner. Il est fort et discipliné. Il préfère éviter les ennuis occasionnés par une bagarre. Ce n'est pas comme ça que Jenkins l'emportera sur lui, car personne ne peut réellement le blesser.

Tony est un solitaire. Il déteste l'école, mais il travaille dur et veille à éviter les problèmes. Chaque soir, il suit des cours de soutien en anglais pour rattraper son retard. Il apprend vite, mais il fait parfois semblant de ne pas comprendre. C'est plus facile.

– Un jour, je t'aurai!

Tony lève les yeux et aperçoit Jenkins passer devant lui. Les élèves font la queue pour le déjeuner, mais le voyou et ses acolytes dépassent tout le monde sans ménagement. Personne n'émet la moindre protestation.

«Essaie et tu verras!» songe Tony en sentant la moutarde lui monter au nez. Jenkins cherche à se battre. Tony le sait. Il sait aussi que, par-dessus tout, ce garçon déteste qu'on l'ignore. Tout son être désire foncer au début de la file pour éjecter le tyran, mais il choisit de ne pas bouger.

Maintenant, Jenkins attire l'attention des autres sur Tony.

– Regardez-moi ce trouillard! s'exclame-t-il d'une voix exagérément forte. Il a tellement peur qu'il n'ose même pas parler, pas vrai, Chinetoque?

Tony serre les poings, mais garde les yeux fixés sur le sol. La bande de Jenkins se met à rire pour l'encourager. Ils espèrent tous que Tony mordra à l'hameçon.

«Non, pas aujourd'hui. Ce ne sera pas aujourd'hui», se dit Tony.

Plus tard, ce jour-là, il revient de son cours d'anglais, lorsqu'il aperçoit le voyou de l'autre côté de la rue. Jenkins l'a-t-il vu? Non, il ne le pense pas.

Rapidement, Tony disparaît dans une ruelle. Debout dans la pénombre, il songe au nombre de fois où il a déjà évité Jenkins. C'est la règle du kung-fu: préserver la paix et se limiter à une action de défense. Mais désormais, c'en est trop. Tony est en colère. Il sait bien que c'est contraire à la voie du kung-fu, mais Steve Jenkins et ses stupides copains ont besoin d'une bonne leçon. En outre, c'est à lui de prendre ses responsabilités à présent. Lowsi n'est plus là pour diriger sa vie. Tony se souvient du jour où il s'est fait agresser par les triades. Il était trop petit, à l'époque, pour se défendre, et il n'avait pas encore suffisamment d'entraînement. Aujourd'hui, c'est différent. Il serre les poings. «La prochaine fois, Steve Jenkins, la prochaine fois!»

– Regardez qui est là: «z'yeux bridés» en personne!

Tony perçoit les moqueries habituelles de la bande. Il est en train de traverser le terrain de jeux et poursuit son chemin, tout en jetant un œil pardessus son épaule. Il voit que Jenkins et ses acolytes ont encerclé un des élèves noirs les plus jeunes.

– Tu te dépêches de rentrer pour bouffer ton riz, pas vrai, Chinetoque?

Tony se fige. Il ne regarde pas directement Jenkins, mais sa réaction suffit à attirer l'attention du voyou. Du coin de l'œil, Tony le voit se désintéresser de sa première victime et lui envoyer une violente gifle avant de la laisser partir. Comme un lapin effrayé, le pauvre enfant s'enfuit vers les classes. Tony sent la colère l'envahir. Passe encore que Jenkins s'en prenne à lui, mais il ne peut supporter de voir l'autre garçon à ce point terrorisé. Son sang ne fait qu'un tour. Peut-être que le moment est venu…

– Tu f'rais mieux d'te grouiller, Chinetoque, sinon tes nouilles vont refroidir!

Tony ne bouge pas.

Jenkins s'approche.

– T'as un problème? dit-il.

Toujours rien.

– Eh, les mecs, regardez, «z'yeux bridés» a trop peur pour me parler! Pas vrai?

Le voici maintenant juste en face de Tony.

– Oh non, j'avais oublié, tu parles pas anglais, c'est ça?

Jenkins se met à danser devant lui en tirant sur ses tempes pour imiter les yeux bridés. Les autres se joignent à lui en riant et en l'encourageant. Jenkins s'approche dangereusement.

– On t'a jamais dit que c'était mal poli de pas répondre?

– Fiche-moi la paix! finit par dire Tony à voix basse.

C'est exactement ce qu'attendait Jenkins. Il rejette la tête en arrière et laisse échapper un rire gras. «Flichez-lui la paix, les mecs! Il nous dit de lui flicher la paix», dit-il en se moquant de son accent. Il se retourne vers sa bande, puis pivote à nouveau en poussant violemment Tony.

– Hé, Bosser, t'as déjà vu la mère du Chinetoque? Elle est plutôt pas mal. Pas farouche, non plus, à ce qu'on dit. J'pourrais peut-être lui faire passer un bon moment.

C'en est trop. En un éclair, Tony réagit en lui décochant un coup de pied circulaire en plein visage.

Son adversaire s'écrase au sol, le nez en sang. Tony le toise sans rien dire. Tremblant de tous ses membres, Jenkins tente de s'éloigner en rampant.

– T'es dingue, complètement dingue! gémit-il, les yeux agrandis de terreur.

Tony se tourne vers les autres garçons. Ils sont paralysés par la surprise et l'effroi. Il fait un pas vers eux, mais ils se dispersent et prennent la fuite, comme une meute de chiens apeurés.

Tony s'éloigne calmement, tandis que Jenkins jure et maudit ses complices qui l'ont abandonné.

Chapitre 8

Enfin un ami

– T'as vu le coup de pied qu'il lui a balancé?

– Non, mais Shane Lewis a dit qu'il sortait du cours de sciences et qu'il a entendu Jenkins pleurer comme un bébé.

– Tu m'étonnes!

– Bosser dit qu'il y avait du sang partout. Il dit qu'il ne fera plus partie de la bande de Jenkins à présent.

– Il a probablement la trouille que Tony s'en prenne à lui…

– Ouais, Jenkins l'a bien cherché. J'ai même entendu dire qu'il allait être renvoyé pour avoir brutalisé plusieurs élèves…

Tony sourit intérieurement, alors que, debout devant la porte de la classe, il écoute les conversations enthousiastes de ses camarades. Jenkins pourrait être renvoyé? Tant mieux. Le directeur du collège n'a pas dit grand-chose quand Tony a été convoqué dans son bureau. Il ne lui a même pas demandé de s'expliquer. Tous, y compris les professeurs, savent que Jenkins a cherché des noises à Tony dès son arrivée. Ce n'était qu'une question de temps jusqu'à ce que ces deux-là en viennent aux mains.

Chacun s'étonne, malgré tout, de constater à quel point Tony est capable de se défendre. La nouvelle de son coup de pied de kung-fu s'est répandue dans l'établissement comme une traînée de poudre, et Tony ne peut s'empêcher de remarquer les regards admiratifs des autres garçons. Tous paraissent soudain vouloir devenir son ami.

Tony entre dans la classe et les élèves l'entourent rapidement.

– Hé, Tony, montre-nous ce coup de pied!

– Ouais, allez Tony, dis-nous comment t'as fait! Montre-nous d'autres mouvements comme celui-là! insiste Simon Hobson.

Tony sourit tandis que d'autres se joignent au groupe. Il n'a pas envie de frimer et ne sait comment réagir face à cette attention dont il est subitement l'objet. Toutefois, quelque chose en lui a changé dès le moment où il a administré cette raclée à Jenkins. Il est resté dans son coin, à s'occuper de ses affaires, pendant assez longtemps. Les garçons de sa classe le croyaient craintif et timide parce qu'il ne parle pas bien l'anglais. Mais en fait, Tony est simplement triste. Il n'est pas comme les autres, et il ne se soucie pas vraiment de faire partie du groupe. Désormais, il a pourtant montré en partie qui il est vraiment, et il éprouve un sentiment de puissance qui lui était inconnu jusqu'alors. Même s'il a déjà remporté de nombreuses victoires lors des compétitions de kung-fu, il était toujours comme «tenu en laisse» par son grand-père et se battait pour l'honneur de Lowsi. Or, il vient de faire quelque chose pour lui-même.

Lowsi se trouve à l'autre bout de la planète et, pour la première fois de sa vie, Tony commence à se sentir fort et fier de lui-même.

– Hé, t'es cap' de faire ce truc où tu casses des briques à mains nues? demande un des garçons depuis l'autre bout de la classe.

– Ouais, allez Tony! renchérit un autre.

Bientôt, tous les yeux sont rivés sur lui. Tony sent son visage s'empourprer. Que doit-il faire? Il est effectivement capable de certains trucs impressionnants, mais ce n'est pas la philosophie du kung-fu de se produire en spectacle…

– Attention, les mecs, voilà Sizer! prévient un des élèves, et la plupart des gosses s'empressent de retourner à leur place. Certains des plus durs s'attardent encore avant de se diriger avec nonchalance vers leur chaise.

– Je déteste ce type, avec tous ses principes! Il se croit à l'armée ou quoi? se plaint Smithy en s'affalant sur sa table. «Debout! Assis! Silence dans la classe!» singe-t-il en provoquant l'hilarité générale.

– Pour qui il se prend, après tout? ajoute Michael Leary. Hé, Tony, que dirais-tu d'arranger une rencontre avec Sizer, ce soir, sur le chemin du retour? Je parie que tu pourrais lui donner une petite leçon!

Tony sourit, mais ne répond pas, tandis que le garçon imite des mouvements de kung-fu.

– Mon vieux dit qu'on n'a pas besoin de ces cours de religion, de toute façon, ajoute Jason Jones, en extirpant un long chewing-gum filandreux de sa bouche pour le coller sous son bureau. Il dit que la religion est la cause de toutes les guerres.

A ce moment précis, la porte s'ouvre. Monsieur Sizer n'est pas très grand, mais il a beaucoup de présence. Tous les élèves se lèvent immédiatement.

– Très bien, Messieurs, annonce M. Sizer. Aujourd'hui, nous étudierons les dix commandements. Vous pouvez vous asseoir.

Tony pousse un soupir de soulagement. M. Sizer est arrivé juste à temps. Il est très sévère et personne n'ose se montrer insolent avec lui, ni faire l'imbécile, comme dans la plupart des autres cours. Il n'aurait pas été très cool de l'avouer, mais Tony apprécie l'enseignement de M. Sizer. Lowsi lui a beaucoup appris sur les religions du monde, et il est fasciné par leurs différents dieux et traditions. Cependant, Lowsi s'est toujours montré très ferme: «Il n'existe aucun dieu à part le dieu intérieur, lui a-t-il répété à maintes reprises.»

Tony n'a jamais contesté les affirmations de son grand-père, mais il aime les récits de M. Sizer, en particulier ceux de la Bible. Certains lui semblent un peu difficiles à croire, mais ils contiennent toujours beaucoup d'action. Un jour, il demandera peut-être à M. Sizer de lui prêter une Bible pour la lire à la maison. Il n'a pourtant pas beaucoup de temps à consacrer à la lecture en ce moment. Il prend encore des cours d'anglais, et la Fédération internationale de Kung-Fu (FIKF) a organisé son entraînement dans une école d'arts martiaux située non loin de chez lui. Il a parfois envie de sécher les cours pour traîner dans la rue avec les autres garçons du collège, mais il craint que la nouvelle ne parvienne aux oreilles de la Fédération ou, pire encore, de son grand-père.

* * *

M. Chang est le directeur de l'école.

– Ah, sois le bienvenu, Lo Fu Zai, j'ai beaucoup entendu parler de toi! dit le petit Chinois en saluant Tony très bas et en se balançant nerveusement d'un pied sur l'autre.

Tony sourit, mal à l'aise, et lui rend son salut.

– Viens, permets-moi de te faire visiter l'école. Je pense que tu apprécieras le niveau de mes élèves.

M. Chang pose son bras autour des épaules de Tony et le guide vers une grande salle dans laquelle une dizaine de garçons sont en train de répéter les mouvements de base.

– Kingsley, viens, que je te présente Lo Fu Zai, le disciple du grand Maître Cheung Ling Soo! annonce M. Chang en invitant un des moniteurs à les rejoindre.

Kingsley est un grand gars musclé à la peau noire, à peine plus âgé que lui. Les garçons se saluent mutuellement.

– Appelle-moi Tony, demande Tony, légèrement embarrassé.

Pour toute réponse, Kingsley lui adresse un large sourire, aux dents éclatantes de blancheur, et lui serre la main avec enthousiasme.

– Content de te connaître, mon ami, dit-il.

Tony ne peut s'empêcher de lui rendre son sourire.

– Kingsley est originaire de Jamaïque, explique M. Chang. C'est le plus doué de mes élèves, et je suis sûr que vous deviendrez de bons amis.

Tony apprécie immédiatement M. Chang, mais il n'est pas habitué à autant de chaleur et de gentillesse de la part d'un homme appartenant au milieu du kung-fu. M. Chang est d'une nature joviale, et Tony travaille dur sous ses encouragements et ses compliments permanents. Voilà qui est vraiment très différent de l'entraînement dur et sévère dispensé par son grand-père. Après les exercices, Tony aide Kingsley à former les élèves plus jeunes. Kingsley est un garçon très drôle et, pour la première fois de sa vie, Tony a quelqu'un à qui parler. Enfin, il a trouvé un véritable ami.

M. Chang demande bientôt à Tony d'enseigner lui aussi dans l'école. Il lui est agréable d'être rémunéré pour ce travail, même s'il ne peut pas en profiter. Chaque soir, sa mère tend froidement la main, et Tony lui remet docilement son salaire. Mais cela ne le dérange pas, car il sait que ses parents n'ont pas beaucoup d'argent, et il est heureux de pouvoir participer aux frais, surtout quand il voit son père dans son fauteuil roulant. Tony apprend qu'il souffre d'une maladie évolutive qui l'affaiblit de plus en plus. Certains jours, il parvient à peine à sortir du lit. Souvent, Tony s'attarde devant la porte de sa chambre. Il aimerait tant entrer pour lui parler, mais il ne sait jamais vraiment quoi lui dire. «Si seulement je pouvais faire quelque chose», songe-t-il tristement.

Tony palpe la poignée de billets et de pièces fourrée dans sa poche. Il se rend compte qu'il connaît à peine son père, mais il est prêt à donner le moindre centime gagné à la sueur de son front, si seulement cela peut l'aider à aller mieux. Il s'imagine aller au parc avec lui pour jouer au foot, comme les autres enfants le font avec leur père. Comme il serait content! Ils pourraient se balader ensemble, ou aller à la pêche…

Tony entend la porte claquer au rez-de-chaussée. Elle est rentrée. Sa mère était encore sortie faire du lèche-vitrines. Tony a de la peine à comprendre. Ils ont tant de mal à joindre les deux bouts, et pourtant, sa mère prend souvent le taxi pour se rendre au centre de Londres, où elle parcourt les magasins pendant des heures. Elle s'habille toujours très chic quand elle sort, et Tony la voit rarement sans son rouge à lèvres écarlate et ses épais faux cils. Elle revient parfois à la maison les bras chargés de paquets. «Juste un petit extra», a-t-elle coutume de dire, et Tony sait que son salaire a servi à acheter plus de vêtements encore, ou une babiole quelconque à laquelle elle n'a pas pu résister. Il se souvient aussi de la marchandise volée au supermarché, et il se demande quelle proportion de ses achats elle a réellement payée.

Sa mère chantonne gaiement en montant les escaliers. Plus ses pas se rapprochent, plus il se sent nerveux. «J'éprouvais la même chose quand Lowsi rentrait», songe-t-il en se souvenant des moments d'insouciance partagés avec Jowmo jusqu'au retour de Lowsi. Mais la joyeuse mélodie fredonnée par sa mère cesse dès qu'elle l'aperçoit dans l'entrée, et les yeux de Tony rencontrent le même regard d'acier qui, il le sait, le hantera jusqu'à la fin de ses jours.

Chapitre 9

Le combat de rue

Tony aborde toujours la saison d'été avec des sentiments mitigés. Chaque année, il retourne en Chine. Au début, il redoutait ces retrouvailles avec son grand-père. Car il savait qu'à chaque fois, le dur traitement allait recommencer. Pourtant, il se sent chez lui là-bas. Il sait aussi que Lowsi est le seul à pouvoir lui apprendre de nouvelles techniques. M. Chang est peut-être un Grand Maître, mais, à bien des égards, Tony le surpasse déjà.

Lorsque Tony quitte l'école, il est engagé à plein-temps par M. Chang, tandis que la Fédération finance ses voyages en Chine et dans d'autres régions d'Asie pour participer à des compétitions. Lowsi vient toujours l'y retrouver. Tony découvre qu'il mise de fortes sommes d'argent sur lui. Il veille donc à ne pas déshonorer son maître par une défaite.

– C'est une bonne chose de participer à ces compétitions, dit un jour Lowsi pendant un long voyage qui doit les mener jusque dans la province de Jiangxi, en Chine, mais le véritable maître de kung-fu doit constamment s'attendre à l'inattendu.

Tony a déjà entendu ces paroles maintes fois dans la bouche de son grand-père, mais aujourd'hui, il le soupçonne de préparer une épreuve particulière.

La nuit tombe, mais l'air reste lourd et humide. Les voici maintenant au cœur de la ville, dans un dédale de ruelles qui parcourent les bas quartiers. Une odeur de riz et de poisson rance flotte dans l'air. Où se trouvent-ils? Pourquoi Lowsi l'a-t-il emmené dans cet endroit?

Il règne un calme étrange. Lowsi se tient près de lui et lui parle à voix basse.

– Nanchang est connu pour ses gangs de rue. Ici, c'est chacun pour soi. Les gens ne se soucient pas de respecter la loi, et beaucoup ont disparu sans laisser de traces. Tu vas avoir des ennuis, mais puisque tu es Lo Fu Zai, tu sais comment réagir.

Tony avale péniblement sa salive. Son cœur cogne violemment dans sa poitrine, tandis qu'une poussée d'adrénaline lui traverse le corps.

– Retire ta tunique! ordonne soudain Lowsi.

– Quoi?

Cette fois, Tony est vraiment choqué. Mais, n'ayant pas l'habitude de discuter les ordres de son grand-père, il se met docilement en sous-vêtements. Que se passe-t-il? Pourquoi Lowsi cherche-t-il à l'humilier ainsi?

Son grand-père ne s'arrête pas là. Il sort un rouleau de son sac et, d'un geste brusque, le tend à Tony.

– Mets-le autour de ton cou!

Tony le déroule et constate qu'il se compose de deux affiches reliées par une ficelle. Ses yeux s'écarquillent d'horreur lorsqu'il lit le message inscrit en caractères chinois. Il n'a jamais lu des propos aussi grossiers, pareilles obscénités et insultes.

– Qu'est-ce que c'est? demande-t-il au bord de la nausée.

– Tu oses m'interroger à nouveau?! lance furieusement son grand-père.

Il arrache le rouleau des mains de Tony et le lui passe brutalement par-dessus la tête, de sorte à ce qu'il le couvre comme une tunique. Les mots «MORT A TA FAMILLE» sont affichés sur sa poitrine, et il sait qu'on peut lire des insultes bien pires encore sur son dos.

– Maintenant, avance! ordonne Lowsi en montrant d'un geste une des ruelles les plus sombres.

Tony sent son visage se couvrir de sueur. Il risque sa vie, il le sait. Mais il n'a pas le choix, il doit d'obéir à son grand-père.

Badaboum! En un éclair, Tony se met en position de défense. Tous ses sens sont en alerte et ses yeux lancent des éclairs. Une boîte de conserve roule devant lui, suivie d'une créature grise décharnée. «Stupide chat!» maugrée Tony, soulagé. La bête pousse un miaulement plaintif avant de disparaître dans l'obscurité.

Tony avance, avec plus d'assurance à présent, la tête haute et les sens aux aguets. Une vieille femme vide le contenu de son wok dans le caniveau à l'odeur putride. Elle lève les yeux et s'étrangle d'horreur en voyant Tony. Immédiatement, elle se détourne, rentre chez elle en toute hâte et s'empresse de verrouiller sa porte à double tour.

Tony n'a pas le temps d'avoir honte.

Soudain, un cri de guerre fuse dans l'obscurité. Trois, quatre, cinq, puis six membres d'un gang viennent à sa rencontre des deux côtés. D'autres surgissent de nulle part.

Pendant une fraction de seconde, Tony se fige, puis une grande bouffée d'adrénaline se déverse dans ses veines et le propulse vers ses adversaires. Il bondit et prend la position de combat du tigre alors que la meute déchaînée déboule sur lui.

La ruelle est sombre et étroite. Tant mieux. Ses agresseurs devront l'attaquer à tour de rôle. Le premier tente de lui décocher un violent crochet du droit. Tony lui fait promptement face et bloque son mouvement avec le bras, tout en lui enfonçant le pied droit dans le ventre. Le jeune s'écroule dans le caniveau en gémissant. Immédiatement, un autre bondit vers lui en poussant un cri terrifiant.

Tony esquive le coup de poing porté vers sa tête en se baissant et en virevoltant, puis assomme son adversaire par un rapide coup de pied au visage.

Il se prépare instinctivement à affronter le troisième voyou qui, déjà, lui fonce dessus. Un flash de lumière éclaire soudain la ruelle. Un couteau! Il a un couteau! Son reflet a rebondi sur les murs humides et Tony comprend le danger. Il saisit le bras de la brute qui s'abat sur lui. Le couteau tombe à terre, rapidement suivi de son propriétaire, qui hurle en soutenant son bras tordu et disloqué. Tony profite de la position de sa victime pour grimper sur son dos et gagner ainsi de la hauteur, puis s'élance vers les deux attaquants suivants. Chacun d'eux s'écroule rapidement, et Tony affronte sans difficulté le tourbillon de combattants des rues qui l'assaille.

Les voyous gisent à terre en gémissant. Ils tentent de s'éloigner en rampant, tandis que Tony fait face aux deux derniers d'entre eux. Devant le sort subi par leurs acolytes, ils hésitent à avancer.

– Allez, venez! invite Tony en souriant.

Il fait un pas dans leur direction, les doigts crispés comme les griffes du tigre. Les deux hommes brandissent des tessons de bouteille, mais l'absence de peur sur le visage de Tony a raison de leur détermination. Ils lancent leurs armes vers lui avant de prendre la fuite en l'injuriant copieusement. Les blessés leur emboîtent le pas aussi vite que possible et disparaissent dans la nuit.

Tony reste seul dans le silence de la ruelle. Même le ciel étoilé semble avoir retenu son souffle. Alors qu'il s'autorise à se détendre, son front se couvre de sueur. Il sourit intérieurement. Personne ne peut battre Lo Fu Zai, le petit tigre.

Soudain, quelqu'un est derrière lui! D'un bond, il pivote, prêt à frapper.

C'est Lowsi. Tous deux restent immobiles un instant, face à face, puis Tony s'incline devant son maître, qui lui rend ses vêtements. Aucune parole n'est échangée, mais Tony sait que son grand-père est content de la façon dont il s'en est sorti. Il sait qu'il est en train de gagner son respect. Et rien d'autre n'a d'importance.

Chapitre 10

L'épreuve suprême

– Le moment est venu de te préparer à l'épreuve suprême, jeune disciple, dit Lowsi sur le chemin du retour.

Un frisson d'excitation parcourt Tony.

– Tu veux dire le *Tar Shui*? demande-t-il.

– Oui. Le *Tar Shui*, l'épreuve du tunnel. Je crois que tu es prêt.

Tony ne peut s'empêcher de sourire. Il a beaucoup entendu parler de ce test. Tout disciple de kung-fu doit le réussir pour devenir un «maître» dans son art. Lorsque les élèves se rencontrent dans les monastères ou lors des compétitions, les conversations vont bon train au sujet du *Tar Shui*, et de nombreuses rumeurs circulent.

– Est-il vrai que certains ne sortent jamais du tunnel, Lowsi? demande encore Tony.

– C'est exact, répond sévèrement Lowsi. Seuls ceux qui en sont vraiment dignes sortent victorieux de cette épreuve.

Tony sait que beaucoup redoutent le *Tar Shui*, mais il est sûr de lui. Ce sera la suprême occasion de gagner le respect de son grand-père.

«Lo Fu Zai, Maître de kung-fu», dit-il tout bas.

Il aime ces mots. Son statut de maître lui permettra de jouir non seulement du respect de son grand-père, mais aussi du respect de la communauté tout entière. Il repense alors à l'agression des enfants des triades, lorsqu'il était petit, à Steven Jenkins, au collège à Londres, et à tous ceux qui se sont moqués de lui parce qu'il était différent. Si seulement ils pouvaient le voir à présent!

Tony continue à travailler dur. Il n'a plus besoin que son grand-père le menace de sa canne en bambou. Désormais, il s'impose de longs et rigoureux entraînements répétitifs. Il s'exerce pendant au moins cinq heures d'affilée chaque jour, et parfois beaucoup plus. Son but est le *Tar Shui* et il se réjouit de remporter cette épreuve mortellement dangereuse du tunnel dans la montagne.

Tony se retourne, soudain conscient d'être observé.

– Jowmo, dit-il en souriant.

La vieille femme, qui a interrompu son travail ménager quelques instants, regarde son petit-fils avec fierté et émerveillement.

– Je vois que tu apprécies ton entraînement ce matin, mon fils, fait-elle remarquer gaiement.

– Oui, Lowsi me prépare pour le *Tar Shui*, et j'ai promis de travailler comme jamais encore auparavant jusqu'au grand jour.

Jowmo frissonne, car elle connaît le terrible danger de cette ultime épreuve.

– Ne t'inquiète pas, Jowmo, la rassure Tony. Je suis Lo Fu Zai, dit-il en riant, plein d'assurance.

Jowmo lui rend son sourire. S'agit-il vraiment du même petit garçon apeuré que Lowsi a ramené un jour à la maison? Elle se souvient des nombreuses fois où elle s'est détournée, sachant que Tony recevait une de ces terribles corrections du maître. Mais telle est la voie du kung-fu. Telle est la tradition de ses ancêtres, et elle est désormais extrêmement fière de ce jeune homme fort qui perpétuera l'héritage familial jusqu'à la génération suivante.

Le jour crucial arrive enfin. Tony et Lowsi entreprennent le long voyage vers le Nord, jusqu'à la province de Shandong. Il leur faut trois jours en train et à pied pour arriver à destination. Mais lorsqu'ils se trouvent au pied de la montagne sacrée du Tai Shan, le cœur de Tony tressaille d'impatience.

Il lève les yeux vers la paroi rocheuse grise et la sombre entrée du tunnel. Lowsi pose sur lui un regard entendu en s'inclinant pour prendre congé, mais il ne dit pas un mot. Le cœur de Tony cogne lourdement dans sa poitrine. Lentement, il avance dans la pénombre. La froideur de la montagne l'enveloppe complètement, comme une bête énorme qui engloutit sa proie. Devant lui, il distingue des torches dont la lueur dessine un sentier à travers la grotte. Puis il aperçoit quelque chose qui scintille par terre. Qu'est-ce que cela peut bien être? Il s'approche prudemment et plisse les yeux pour mieux voir. Tony sourit en reconnaissant le premier défi. Devant lui, le sol est couvert de petits fragments de verre brisé.

«Facile», songe-t-il en se rappelant les nombreuses fois où son grand-père l'a contraint à marcher sur des clous, des charbons ardents ou d'autres objets dangereux. La peau de ses pieds, si dure et si épaisse, ressemble à une véritable semelle de chaussure. «La technique de la grue fera l'affaire», décide Tony. En respirant très calmement, il avance habilement sur le verre, à petits pas légers comme ceux de l'oiseau. Il sent à peine une égratignure.

Content de lui, Tony cherche des yeux la seconde épreuve. Elle lui apparaît quelques mètres plus loin. Le couloir rocheux se rétrécit, et un genre de cadre octogonal en bois lui bloque le passage. Lorsque Tony lève les yeux, sa gorge se serre et il éprouve un sentiment de nervosité mêlé d'excitation. Sur le haut de la structure sont plantées des centaines de pointes acérées. En y regardant de plus près, Tony constate que le tout est uniquement soutenu par quelques cannes de bambou. Au centre se trouvent d'autres bâtons, disposés en tous sens et très légèrement écartés les uns des autres. Tony sait qu'il doit traverser ce labyrinthe, mais s'il touche un seul bambou, toute la structure s'effondrera et précipitera les pointes de fer sur lui.

C'est donc une épreuve d'agilité et de précision. Les mouvements du serpent l'aideront à se faufiler entre les baguettes. Tony visualise le python en train de ramper et de manœuvrer furtivement ses anneaux dans les sous-bois. Il fait appel au «chi», puis s'engage dans la structure en se glissant précautionneusement entre les bambous. Conscient du moindre mouvement, il progresse habilement entre les obstacles en tordant et en pliant chacun de ses membres pour émerger, enfin, de l'autre côté. Le soulagement l'envahit.

L'atmosphère est glaciale à présent, et Tony frissonne à la lueur des torches.

A nouveau, le couloir se rétrécit et, bientôt, le vacillement des flammes révèle l'épreuve suivante: la lame. Son tranchant aussi coupant qu'un rasoir projette de minuscules rais de lumière sur les parois de la grotte, et Tony comprend qu'il y a autre chose. Bien sûr! Il aurait dû s'en douter. Le sol et les parois brillent d'un revêtement huileux. Tony le sait, l'endroit est mortellement glissant. Mais il n'a pas le choix: il va devoir marcher, sans appui, sur le tranchant de la lame.

Pour y parvenir, il fera appel à la force surnaturelle du «chi». Car il est impossible de réussir cette épreuve en s'appuyant sur des capacités humaines ordinaires. Au fil des années, Tony a pu accéder aux secrets de l'ancienne voie, la voie qui lui donnera le pouvoir et la force de marcher sur la lame sans se couper ni se mutiler. Il ferme les yeux et entre en méditation avant de poser le pied sur le métal tranchant. Avec beaucoup de précautions, il fait un premier pas…

Soudain, le tunnel résonne des aboiements d'un chien sauvage et déchaîné qui court droit vers lui. «Ne réagis pas!» se dit-il instantanément. Il sait que le chien n'est qu'une ruse pour lui faire perdre sa concentration. Effectivement, l'animal est attaché à une lourde chaîne qui freine sa course peu avant la lame. Tony reste donc parfaitement calme et continue à avancer jusqu'à ce qu'il sente à nouveau la roche sous ses pieds. Le chien aboie et montre ses crocs, tandis que Tony passe devant lui en souriant intérieurement.

Il s'enfonce davantage encore dans les entrailles de la sinistre montagne. Combien de disciples ont trouvé la mort dans cet endroit? se demande-t-il. Combien ont perdu la raison sous l'effet de la peur? Les parois glaciales semblent faire écho à ses pensées. Tony sait que son grand-père l'attend à l'autre bout du tunnel. Il a entendu des rumeurs sur la dernière épreuve qui doit faire de lui un maître, et il frissonne d'excitation et de terreur. Parviendra-t-il jusqu'à l'autre bout? Derrière lui, il distingue le hurlement et les plaintes lugubres du chien sauvage.

«Je suis Lo Fu Zai, se dit-il. Je vaincrai!» Résolu, il avance en fixant ses pensées sur l'épreuve suivante.

Peu après, la grotte s'élargit à nouveau. Est-ce simplement dans son imagination, ou la lumière se fait-elle réellement plus abondante? Tony prend une profonde respiration lorsqu'il aperçoit l'obstacle qui se dresse devant lui. Cette fois, il devra faire appel à toutes ses capacités. La voie est entièrement barrée par une immense plate-forme en bois, posée sur un gros rocher. Tony sent sa gorge se serrer. Des pointes de métal, espacées de quelques centimètres à peine, sont plantées tout autour dans le bois. Que va-t-il devoir faire? L'ensemble est extrêmement compact. En y regardant de plus près, il se met à transpirer: toute la structure est supportée par de grandes roues en pierre, cerclées de métal. Voilà qui va pouvoir lui permettre de déplacer le tout. Mais les roues sont épaisses et lourdes et paraissent rivées dans le sol. «Elles n'ont probablement jamais bougé, songe-t-il en s'épongeant le front. Mais je n'ai pas le choix, il faut que j'arrive à pousser ce truc pour pouvoir passer.»

Tony cherche un point d'appui pour ses mains, mais en vain. Les pointes acérées sont trop rapprochées les unes des autres.

Il se redresse, entre à nouveau en méditation et se concentre sur tout ce que son grand-père lui a enseigné au fil des années. Il sait qu'il peut le faire. Avec assurance, il pose les mains sur les pointes en métal et se met à pousser. Les lances devraient lui transpercer les paumes, mais Lowsi lui a appris des techniques spéciales qui atténuent la douleur. Il pousse de toutes ses forces.

«Ne laisse pas tomber! Ne laisse pas tomber!» se répète-t-il en reprenant son souffle. Il se retourne et appuie son dos contre les lances pour pousser à nouveau. La structure émet un craquement. Elle commence à bouger. Fou de joie, Tony presse tout son corps contre les terribles pointes, mais elles commencent désormais à lui entamer la chair. Il s'écarte et ferme les yeux, puis visualise la structure en mouvement. Toujours les yeux fermés, il pose une nouvelle fois les mains sur les lances et fait appel à toute sa concentration.

Crac, crac, crac! Le bloc bouge! Parcouru par une poussée d'adrénaline, Tony bondit légèrement et pèse de tout son poids contre la structure pour lui imposer une dernière pression. Oui! Il a senti la masse vibrer. Et la voilà qui cède, à contrecœur. Tony se ménage un espace suffisant pour se faufiler comme un serpent. Une fois de l'autre côté, il pousse un soupir de satisfaction. Il a réussi!

«Ne te réjouis pas trop vite, se dit-il. Des épreuves plus dures t'attendent peut-être encore.» Il se remet en route. Oui, la grotte gagne progressivement en luminosité. La fin du tunnel est proche. Qu'est-ce? Soudain, une odeur âcre de brûlé flotte dans l'air. C'est donc vrai! Il a entendu parler de cet ultime défi. Pourra-t-il supporter les brûlures? Tony est presque à la sortie. Dans le soleil, il aperçoit la silhouette de Lowsi qui l'attend. Il reste une dernière épreuve de force et de courage: le chaudron ardent. Tony l'examine rapidement en sachant parfaitement ce qu'on attend de lui. Sur le pourtour du lourd récipient rougi par le feu, des emblèmes de dragon en relief scintillent dans la pénombre.

Tony redresse la tête et fait quelques pas en avant en regardant son maître droit dans les yeux. Son visage est dénué d'expression, comme toujours. Tony se souvient de toutes ces années pendant lesquelles il a haï son grand-père. Le regard fixé sur lui, il se souvient des coups, des punitions et de la cruauté de l'entraînement. Oui, il le déteste encore, mais au-delà de la haine, Tony éprouve pour lui un profond respect mêlé de crainte. La voie du kung-fu les a unis. Désormais, le jeune homme est initié aux mystères des traditions ancestrales. Il fusionne avec l'héritage de ses pères. Les paroles de Lowsi résonnent dans ses pensées. «Tu es Lo Fu Zai. Tu vaincras. Tu deviendras un Maître.»

Tony se force à fermer les yeux et rassemble toutes ses forces. Il sent ses bras s'engourdir et devenir d'un froid glacial. Puis, soudain, il ouvre les yeux et regarde droit devant lui, sans penser à rien. Il pose alors ses avant-bras sur les dragons ardents. Une odeur de chair et de poils brûlés emplit instantanément l'air, mais Tony n'éprouve aucune douleur. En concentrant ses forces dans ses jambes et son torse, il parvient à se redresser en soulevant le lourd chaudron. Il le porte à l'extérieur de la grotte et le dépose devant Lowsi.

Puis, les yeux toujours rivés sur son maître, il décolle ses bras du métal brûlant. C'est alors qu'il se passe quelque chose; quelque chose de si rare que Tony est complètement pris au dépourvu: Lowsi sourit! Les traits de son visage s'adoucissent et il sourit avant de s'incliner devant son petit-fils en signe de respect. L'instant est éphémère, mais il représente pour le jeune homme le plus grand des honneurs. En regardant ses bras, il constate que des cloques se forment à l'endroit où les dragons l'ont brûlé. Il sera marqué à vie.

Lo Fu Zai est désormais un Maître dans la voie du kung-fu.

Chapitre 11

Invaincu

Son nouveau statut de Maître vaut à Tony le respect des autres étudiants en arts martiaux. Il a maintes fois fait ses preuves lors de compétitions où de grosses sommes d'argent sont en jeu. Il n'en garde pourtant rien pour lui. Il sait qu'une partie est envoyée à ses parents à Londres, mais chaque fois qu'il songe au regard glacial et avide de sa mère, il méprise plus encore l'argent. Il se promet de ne jamais devenir comme elle.

Tony ne cherche pas à s'enrichir avec son art, mais à ses yeux, l'honneur n'a pas de prix, et il est prêt à tout pour gagner l'approbation de Lowsi. Il jure de ne jamais humilier son maître par la défaite, mais il ne sait jamais ce que celui-ci lui réserve.

Lors d'un été torride, ils se rendent tous deux à Karachi, au sud du Pakistan. Tony sait que cette visite a une grande importance aux yeux de son grand-père.

– Tu m'as déjà entendu évoquer le nom d'Ashraf Tae, dit Lowsi dans le train qui traverse la campagne déserte.

– Oui, Maître, je sais qu'Ashraf est un Grand Maître respecté à Karachi, répond Tony.

– Effectivement, Ashraf et ses disciples sont connus, mais la danse du serpent est trompeuse, marmonne Lowsi en caressant sa fine barbe.

– Que veux-tu dire, Maître? demande Tony, intrigué par la désapprobation manifeste de Lowsi.

– Nous nous sommes entraînés pendant des années ensemble en tant que jeunes guerriers Shaolin, dans le nord de la Chine, explique Lowsi. Ashraf était un excellent combattant. Il maîtrisait l'art du dragon, les mouvements du serpent et les techniques du singe.

Tony reconnaît des techniques qu'il a lui-même étudiées.

– T'a-t-il déjà vaincu, Maître? demande-t-il prudemment.

– Lorsque nous étions jeunes combattants, nous étions égaux, répond Lowsi en plissant les yeux.

Un long silence s'ensuit. Tony lance des regards interrogateurs vers son maître. Pourquoi existe-t-il une telle rivalité entre les deux hommes? Il meurt d'envie de le savoir, mais il sait qu'il vaut mieux ne pas trop poser de questions à son grand-père.

– Les secrets du guerrier kung-fu doivent être réservés à ceux qui en sont vraiment dignes, poursuit Lowsi d'une voix basse et sévère. Ashraf Tae ne sélectionne pas ses élèves de façon suffisamment rigoureuse. Il recrute des garçons dans les familles de paysans de sa région et les entraîne sans y mettre beaucoup de soin. Ce n'est pas la véritable voie du kung-fu.

Tony commence à comprendre. Depuis tout petit, il a appris que le kung-fu est sacré. D'après les traditions ancestrales, la transmission de cet art d'une génération à l'autre doit être réservée aux disciples les plus soigneusement sélectionnés, éduqués et formés. Cet honneur lui a été fait, puisqu'il est l'unique disciple de son grand-père Cheung Ling Soo. Celui-ci entraîne aussi quelques jeunes moines au temple voisin, mais la totalité de son savoir et les vrais secrets du kung-fu n'ont été révélés qu'à Tony parce qu'il a été choisi par Lowsi.

– Le Grand Maître Ashraf a donc déshonoré la voie du kung-fu?

– Beaucoup peuvent s'entraîner, mais peu devraient être élus, répond son grand-père avec mépris. Tu verras. Les disciples d'Ashraf se battent avec la colère et la force humaine. Il y a très peu de finesse ou de précision dans leurs mouvements. Leurs techniques laissent beaucoup à désirer.

Sur ses mots, Lowsi ferme les yeux et entre en méditation. Tony sait que le sujet est clos. Il ferme les yeux lui aussi, mais un frisson d'excitation lui parcourt le dos. Il lui tarde de rencontrer le Grand Maître Ashraf et ses disciples. Car c'est certain, il y trouvera de nombreuses occasions de montrer ses talents.

* * *

Lors de cette visite, Tony confirme sa supériorité en battant tous les étudiants d'Ashraf, même Raani, le plus accompli d'entre eux.

– Maintenant, je comprends, dit Tony à son grand-père sur le chemin du retour. Raani savait à peine comment se battre. Sa technique était très faible; il m'attaquait sans cesse avec beaucoup de force, mais ses mouvements étaient très imprécis.

Lowsi acquiesce et Tony sourit intérieurement. Enfin, il commence à comprendre pourquoi son grand-père l'a élevé de cette façon. Son enseignement était dur, brutal même, mais Tony sait que, grâce à lui, son kung-fu atteint un niveau auquel très peu de disciples parviennent jamais.

– Ashraf n'en restera pas là, annonce son maître, les yeux brillants. Il y aura bientôt une autre rencontre.

– Mais Lowsi, j'ai battu Raani. Qui reste-t-il?

– L'oncle de Raani, Adnan. Il est plus âgé que toi et il s'entraîne depuis plus longtemps. Ashraf veut que nous revenions au Pakistan le mois prochain pour que tu puisses l'affronter. Il croit retrouver son honneur de cette façon.

Est-il équitable qu'il se mesure à des étudiants plus expérimentés que lui? Tony s'interroge, la gorge serrée.

– Qu'en penses-tu, Maître?

Lowsi ne répond pas, mais Tony connaît déjà la réponse.

* * *

Tony grimpe sur le ring en gardant les yeux fixés sur son maître. Un murmure sourd parcourt l'assistance. La dernière fois qu'ils ont rendu visite à Ashraf dans son école, l'arène était remplie de spectateurs qui criaient et encourageaient les adversaires. Aujourd'hui, le public est plus restreint. Tony reconnaît certains visages. Tous les hommes ici présents sont des Grands Maîtres originaires de diverses régions d'Asie. Il s'agit d'un combat privé «à huis clos», avec de grosses sommes d'argent en jeu. Un silence pesant règne dans l'arène et l'atmosphère est électrique. Une poussée d'adrénaline parcourt le corps de Tony. Bien qu'il se soit entraîné durement au cours du mois précédent, ce combat sera l'un des plus difficiles.

Adnan monte sur le ring. Tony fixe son adversaire, beaucoup plus grand que lui. C'est un homme au visage ridé et tanné par la rudesse du climat, vêtu d'une simple tenue de fermier. Tony se souvient du conseil de son maître: «Adnan préfère les techniques des oiseaux. Il utilisera les mouvements de la grue pour éviter tes coups. Il esquivera tes attaques par des gestes lestes et de petits pas de danse, puis frappera très fort à distance.»

Tony se transforme mentalement en tigre combattant. Il utilisera la puissance de son corps plus petit pour frapper et attaquer avec ses griffes.

Le juge appelle les deux adversaires et tous deux s'inclinent en signe de respect. Tony ne perçoit rien d'autre qu'une détermination absolue dans le regard d'Adnan. Le combat commence rapidement. Tony s'élance avec agressivité à la poursuite d'Adnan. D'abord, la «grue» paraît flotter dans l'air en évitant aisément les coups et les claques du «tigre». Ils avancent et reculent dans l'arène, et la tension est palpable, alors que la foule semble retenir son souffle. Tony met toute sa force dans ses coups puissants et cinglants, mais il ne parvient pas à toucher son adversaire. La «grue» danse, tourbillonne, se pavane, et parvient toujours à s'en sortir. Tony sait qu'il ne peut pas continuer ainsi. Il est en train de gaspiller sa force et sa puissance, et la fatigue commence déjà à se faire sentir. Il porte toujours des coups, mais son esprit est en ébullition. Que doit-il faire? Changer de tactique? Oui. Il n'a pas le choix.

Aargh! Le voici aveuglé.

Adnan a profité de l'occasion. Il a perçu l'hésitation de Tony et saisi sa chance. En esquivant gracieusement le dernier coup de poing du jeune homme, il a labouré son visage de ses doigts griffus et touché ses yeux.

Tony s'efforce de retrouver sa concentration, mais déjà, la «grue» tire pleinement avantage de la situation. Adnan prend appui sur ses mains et balaye le sol d'un arc de cercle puissant qui heurte Tony de plein fouet. Ses pieds sont propulsés à hauteur de poitrine.

Lorsqu'il tombe à terre, le fermier combattant s'abat de tout son poids sur lui. Tony ne parvient toujours pas à voir distinctement, mais il devine que son grand-père a bondi de son siège pour se tenir au bord du ring.

Mais ce n'est pas terminé. Tony ne permettra pas que son maître soit déshonoré. Il se battra jusqu'à la mort s'il le faut.

Rassemblant toutes les forces qu'il lui reste, il réussit à se relever. Mais la «grue» lance une nouvelle attaque, le laissant à bout de souffle, incapable de parer aux coups. Il est pris de vertige, alors que les poings d'Adnan lui martèlent violemment la tête… un, deux, trois, quatre…

«Non, non, non! se dit Tony. Le 'tigre' est le combattant suprême, ça ne se terminera pas comme ça!»

Tony est étourdi et peut à peine distinguer son adversaire, mais tout son être est mû par une détermination nouvelle. Lorsque Adnan revient à la charge, le puissant «tigre» fait appel à toute sa force pour saisir soudainement l'avant-bras de la «grue». Tony possède une poigne d'acier. Il serre. C'est comme s'il avait travaillé et souffert toute sa vie pour cet instant. «Plus fort, oui, plus fort!» Adnan laisse échapper un cri. Il ne s'attendait pas à cela. A son tour, il est désarmé. Luttant pour se dégager, il tente un coup, mais Tony serre plus fort encore et entreprend de le pousser au sol. A nouveau, Adnan crie. Malgré tous ses efforts, il ne peut échapper à l'étreinte de Tony. Plus fort et plus fort encore, le jeune homme resserre son étau, jusqu'à ce qu'Adnan hurle à pleine gorge: «J'abandonne, j'abandonne!»

«Ça y est, le combat est terminé», se dit alors Tony, satisfait.

Puis, se tournant vers son maître, il s'incline devant lui en signe de respect.

Chapitre 12

Garde du corps

A la fin de l'été, Tony réintègre l'école de kung-fu de Maître Chang, à Londres, où il raconte à Kingsley tout ce qu'il a vécu au Pakistan.

– Waouh, c'est génial, mec! s'écrie Kingsley en sautillant comme un petit chien.

Il est comme ça, Kingsley, et il fait toujours rire Tony.

– Je parie que tu seras encore mieux vu par la Fédération, après ça!

La Fédération internationale de Kung-fu finance l'entraînement de Tony à Londres et contribue à ses frais de déplacement lorsqu'il participe à des compétitions à l'étranger.

– C'était un combat «privé», répond Tony. Ils n'en entendront probablement jamais parler.

– Tu parles! Ils suivent tes moindres mouvements, mec! Chang pense qu'ils vont vouloir que tu te présentes au championnat du monde.

– Tu crois?

– Ben, d'après moi, la FIKF aurait vachement de quoi être fière, non?

– Ouais, peut-être, dit Tony, un peu pris au dépourvu. Mais je ne sais pas ce qu'en penserait Lowsi.

Il dit que ce genre de compétitions, c'est de la frime. Elles sont trop éloignées de la vraie voie du kung-fu. La plupart des Grands Maîtres refusent d'y participer.

– Dis-lui de penser aux 10'000 livres offertes au gagnant! rétorque Kingsley en lui balançant un coup dans les côtes, avant de s'éclipser pour donner son prochain cours.

Tony songe à cette compétition. Kingsley a peut-être raison. Il n'a pas besoin d'un stupide combat pour prouver qu'il est le meilleur, mais tout cet argent… Ses pensées se tournent vers ses parents. Ils ne possèdent rien et habitent désormais dans un HLM de la banlieue nord-ouest de Londres. Il songe à son père, affaibli et fragile, qui ne peut plus se déplacer qu'en fauteuil roulant. 10'000 livres, c'est beaucoup d'argent! Il faudrait évidemment en remettre une bonne partie à Lowsi en Chine, mais il en resterait beaucoup pour ses parents. Cela pourrait vraiment les aider. Il devrait peut-être se lancer…

Comme l'a annoncé Kingsley, la FIKF se réjouit vivement de la décision de Tony de participer au championnat du monde. Elle suit sa carrière de près, et Tony sait que cela lui ouvrira probablement des perspectives intéressantes…

* * *

– Hé, regardez qui vient là! Le champion du monde de kung-fu en titre! s'écrie Kingsley en serrant chaleureusement son ami contre lui. J'ai entendu dire que le puissant Lo Fu Zai n'avait eu aucun mal à dominer la compétition, ajoute-t-il en souriant.

– Eh bien, tu es mal renseigné, alors! rit Tony en lui donnant un coup de coude dans les côtes.

Par une journée londonienne pluvieuse et humide, les deux amis prennent le chemin de leur restaurant préféré à Chinatown, et Tony raconte ses aventures au championnat.

– Tout s'est bien passé, jusqu'au dernier combat où j'ai dû affronter Li Chang Po, de Xi'an. Je savais qu'il serait coriace.

– Tu t'étais déjà battu contre lui avant? demande Kingsley, les yeux brillants d'excitation.

– Ouais, quelques fois, lors de démonstrations dans des temples. C'est un très bon disciple de la Voie. Il a été formé par le Grand Maître Gwok Siu Fong.

– Je crois avoir entendu parler de lui.

– C'est possible. Il est très respecté. Il applique la même méthode que mon grand-père.

– Dans ce cas, Li Chang Po et toi devez avoir beaucoup en commun, fait remarquer Kingsley qui connaît certains détails de l'éducation cruelle reçue par Tony sous la main de son maître.

– Oui. Je suppose que c'est la raison pour laquelle il y a tant de respect entre nous. C'était un honneur de me battre contre lui.

– Et un honneur de le vaincre! ajoute Kingsley en raclant les derniers restes de son petit pain à la vapeur et de sa sauce chili. Tu restes à Londres combien de temps?

– Pas longtemps. Je suis seulement revenu ce week-end pour voir ma famille… et toi, bien sûr, ajoute Tony en souriant.

– Eh ben, t'as intérêt à appeler Chang. Tu lui manques vraiment à l'école!

– Je sais, mais je ne pouvais pas faire faux bond à la FIKF, pas vrai? Ils m'ont fait une proposition juste après mon retour du championnat en Thaïlande. J'ai pris directement l'avion pour la Suisse, siège de la Fédération, et j'ai commencé le travail.

– Allez, vas-y, raconte! demande Kingsley avec enthousiasme.

– Ben, Genève, c'est vraiment magnifique. Ils me donnent mon propre appart et une moto…

– Et le salaire?

– Sans comparaison avec celui de Chang! Mais, surtout, mon vieux, je m'amuse comme un fou. Je passe la plupart de mes journées à enseigner les techniques de combat. Les étudiants sont généralement d'anciens militaires que la Fédération forme pour en faire du personnel de protection rapprochée.

– Tu veux dire des gardes du corps?

– Exact, dit Tony. Ils suivent toutes sortes de cours: sur le désamorçage d'explosifs, la conduite de protection rapprochée, la surveillance, le maniement des armes, les situations de prise d'otages, la lutte antiterroriste, le combat à mains nues…

– Et c'est là que tu interviens, interrompt Kingsley.

– Ouais c'est ça. Je dois m'assurer qu'ils seront capables de protéger et défendre leurs clients dans une situation de combat rapproché, sans aucune arme.

– Ça a l'air super! s'exclame Kingsley, enthousiaste. Et je parie que tu t'es fait de bons copains, pas vrai?

– Ouais, il y a Jean, un type sympa, qui vient du Canada, et Sacha, un ancien de la Légion étrangère française, qui a déjà travaillé en protection rapprochée. Il raconte de ces histoires, si tu savais… Et puis, il y a Mohamed, un Indien. Ils ont tous de l'expérience sur le terrain. Et surtout, mon vieux, si tu les voyais faire la fête! Ils sont habitués à brasser du fric. Je veux dire, *beaucoup* de fric. Ils protègent certaines des personnes les plus riches du monde. Ils passent leur vie entre les cocktails, les voitures de luxe, les vacances de rêve et beaucoup de filles.

– C'est vrai?

– Ouais, ils attirent les nanas comme des aimants. Et puis, quand ils sortent en boîte, je te passe les détails…

– Quoi, tu n'arrives pas à suivre…?

Tony hoche la tête.

– Je préfère les laisser à leurs occupations. J'ai besoin de garder les idées claires pour mon entraînement. Je m'exerce encore sept ou huit heures par jour, en plus de tous mes cours.

– Tu ne changeras jamais, pas vrai? dit Kingsley en riant.

– Je dois rester au top. En fait, je songe à suivre cette formation en protection rapprochée moi aussi. Tu vois, sortir de la salle de gym… devenir garde du corps et aller là où il y a vraiment de l'action.

Qui sait où cela va l'amener?

* * *

Dès sa première mission comme garde du corps diplômé, Tony réussit à empêcher un enlèvement d'envergure dans une somptueuse demeure en Suisse. Pendant des mois, il n'est pas beaucoup plus qu'un «accessoire de mode» et un baby-sitter de luxe pour une femme fortunée et son enfant pourri gâté. Rongé par l'ennui et la frustration, il traîne dans leur villa, pourtant digne d'une forteresse, sans grand-chose d'autre à faire qu'écouter les pleurnicheries et les caprices du petit garçon. Alors, quand un gang d'hommes armés déboule en force dans la propriété pour enlever l'enfant, Tony trouve enfin l'action dont il rêve depuis longtemps. A mains nues, il désarme et capture les candidats au kidnapping, montrant de quoi il est capable en situation hostile.

Ses mois de préparation intensive ont porté leurs fruits. En plus des techniques de combat, des tactiques de surveillance, de la conduite de protection rapprochée, de la lutte antiterroriste, du maniement des armes et autres enseignements pratiques essentiels, il a suivi de nombreux autres cours, notamment en langues, en premiers secours, en droit criminel international, en techniques de télécommunication, et travaillé dur sur d'interminables devoirs et examens écrits.

Tony est bientôt prêt à mener des missions plus dangereuses sur le terrain. En quelques années à peine, il devient un des gardes du corps les plus demandés de la FIKF. Celle-ci fait appel à lui pour la protection de certaines des personnalités les plus puissantes de la planète.

William Black est un homme d'affaires new-yorkais qui exige et obtient toujours le meilleur. Quand Tony est désigné pour devenir son bras droit, il sait que ses missions ne manqueront pas d'action. Black n'est pas très connu du public, mais il a réussi à devenir un des hommes les plus importants d'une société au chiffre d'affaires de plusieurs milliers de dollars, et il s'est fait quelques ennemis en chemin. Tony doit surveiller ses moindres faits et gestes. Partout où William se rend, Tony le suit. Il organise ses voyages, supervise la sécurité lors de séjours à l'hôtel et va même jusqu'à vérifier les cuisines des restaurants où il mange. Pendant un certain temps, tout marche comme sur des roulettes. Black est peu menacé dans son pays, mais dès qu'il quitte le sol américain, les risques augmentent considérablement.

Tony est furieux.

– Une semaine, ils nous laissent à peine une semaine! annonce-t-il à son collègue Henry.

– Quoi, encore un voyage?

– Oui. En Arabie saoudite. Très risqué, une fois de plus. Comment sommes-nous supposés tout organiser dans un délai si court?

– En as-tu parlé à son équipe?

– A ton avis?

– O.k., je vois, ça ne les intéresse pas, comme d'habitude, dit Henry en prenant le plan de mission que Tony lui tend.

Tony aime travailler avec Henry. Il est anglais, mais il a été entraîné par les Gurkha[1]. Il est plus âgé et plus costaud que lui et a beaucoup d'expérience. Tony sait qu'il peut lui confier sa vie. C'est important dans ce boulot.

[1] Population de l'Inde, d'origine népalaise, connue pour ses traditions en arts martiaux. (N.d.E.)

Tony et Henry travaillent tard ce soir-là pour évaluer le risque. Les choses ne se présentent pas bien. Un accord financier a mal tourné et les patrons de Black l'envoient en Arabie pour tenter de négocier un arrangement et d'apaiser les clients.

– Ça revient à se jeter dans la gueule du loup! dit Henry en inclinant sa chaise vers l'arrière pour poser ses pieds sur la table.

– Ouais, acquiesce Tony. Il s'agit d'une entreprise familiale, celle des célèbres frères Fahali, et ils sont plutôt fâchés…

– Je suppose que c'est une question d'honneur bafoué, d'orgueil blessé et de ce genre de foutaises, dit Henry.

– Je n'ai pas beaucoup d'expérience dans ce genre de situations, murmure Tony, mais nous n'avons pas le choix. S'il décide de se jeter dans la gueule du loup, nous nous jetterons dans la gueule du loup avec lui.

– Mieux vaudrait avertir Sandra, dans ce cas.

– Tout à fait, dit Tony en composant déjà son numéro.

Sandra est leur contact au siège de la Fédération en Suisse. Elle semble tout savoir sur tout. Tony sait qu'elle fera son travail et assurera leur sécurité au mieux. Son rôle sera essentiel parce qu'elle rassemblera des informations cruciales pour leur voyage. Il met la communication sur haut-parleur et les deux hommes passent leur plan en revue dans le détail.

– O.k., dit-elle, je vais vous procurer une carte détaillée de l'endroit et un plan de l'hôtel. Vous y trouverez toutes les sorties, les passages secrets, les conduites d'aération, les itinéraires de secours et tous les renseignements habituels dont vous avez besoin. Un de nos responsables de la sécurité, Abdullah Alkaff, est déjà sur place. Il vous retrouvera là-bas et vous aidera pour le voyage et tout le reste.

– Je préférerais m'occuper du voyage moi-même, Sandra, dit prudemment Tony.

– Tu n'as pas à t'en faire, Tony, ce type est réglo. Fais-moi confiance. Abdullah peut t'obtenir tout ce que tu veux!

– Tout? demande Henry sur le ton de la plaisanterie.

– Tout. Depuis les beignets jusqu'aux missiles!

Les deux hommes échangent un sourire complice, mais Tony éprouve malgré tout un malaise à l'idée de travailler avec un étranger.

– Tu peux lui faire confiance, répète Sandra en devinant son hésitation. Il est l'un des nôtres. Je vais t'envoyer une photo, mais c'est un maître du déguisement, alors ne t'attends pas à pouvoir le reconnaître!

– Génial! s'écrie Tony. De mieux en mieux.

Les quelques jours suivants sont entièrement consacrés aux préparatifs, et tous deux s'envolent bientôt pour une mission qui doit durer trois jours. Henry profite pleinement des douze heures de vol depuis New York pour rattraper son retard de sommeil, mais Tony est incapable de trouver le repos. Quelque chose lui dit qu'il y a un problème. Lorsque le jet privé atterrit à l'aéroport de Riyad, son cœur se met à battre de plus en plus fort. Généralement, il aime l'excitation provoquée par ce genre de boulot, mais cette fois, les enjeux sont trop importants. Trop de détails échappent à son contrôle. Il a le pressentiment que cette situation est sur le point de tourner très mal.

Chapitre 13

Course-poursuite en Arabie saoudite

«Nous sommes des cibles vivantes au milieu de cette foule!» songe Tony avec angoisse. Il parcourt l'endroit du regard pour repérer la moindre menace. Ils ont été accueillis comme des personnages de marque à l'atterrissage, et on les a fait passer par l'espace présidentiel, mais Tony devient de plus en plus nerveux, car ils vont devoir traverser le terminal principal, et celui-ci est littéralement bondé de monde.

Tony ouvre la voie devant William Black, lui-même suivi de près par Henry. William est accompagné de deux collègues américains, mais c'est bien lui qui reste le souci majeur de ses gardes du corps. Ils donneraient leur vie, si c'était nécessaire, pour sauver la sienne.

«Bakchich, bakchich!» supplie un vieil homme avec insistance, en tentant d'agripper le sac de Tony. Instinctivement, Tony l'écarte assez brutalement et le pauvre homme va s'écrouler dans la foule.

– Du calme, Tony, du calme! le reprend William.

Tony s'irrite que son client se montre si détendu. Ignore-t-il quel danger ils sont peut-être en train de courir?

– C'est leur façon de faire, ici, poursuit William. Ne heurtons pas la population locale!

Tony n'avait pas l'intention de vexer quiconque. Il connaît la pratique du bakchich. C'est un genre de pourboire que les gens riches sont censés donner aux plus pauvres. Pourtant, ils ne peuvent vraiment pas se permettre de s'attarder pour des politesses culturelles. Pas aujourd'hui. Tony est désolé d'avoir choqué le pauvre homme, mais il n'a qu'une seule préoccupation: voir William assis en sécurité dans la voiture apprêtée pour eux. «Surtout, ne pas s'arrêter dans le terminal!» se dit-il.

Les portes s'ouvrent. Deux Mercedes blanches attendent devant l'aéroport. Tony grimpe à l'arrière de la première, procède à une rapide vérification, puis fait signe à William de monter. Henry se joint à eux, tandis que les deux autres Américains s'installent dans la seconde voiture.

Henry laisse échapper un sifflement admirateur lorsqu'ils pénètrent dans l'hôtel *Le Méridien*. Ils ont le souffle coupé en voyant cette immense entrée en marbre éclatant, aux riches ornements dorés.

– Il nous faudrait des lunettes de soleil pour ne pas être éblouis par ce luxe! plaisante William.

Tony le précède dans sa somptueuse suite. Toutes les pièces doivent être soigneusement inspectées, et c'est un travail qu'il effectue toujours lui-même. La chambre renferme très probablement des cafards, mais peut-être s'y trouve-t-il aussi des explosifs.

Enfin, Tony est certain qu'il n'y a pas de danger. William peut s'installer dans sa suite et Henry commencer la garde de nuit. Tony sait qu'il doit absolument se reposer. La journée du lendemain risque d'être très longue.

* * *

Tony est profondément mal à l'aise à la perspective de la rencontre prévue le jour suivant. Avant l'entrevue avec les frères Fahali, les deux gardes du corps élaborent un plan. Ils doivent s'assurer que William et Tony ne seront jamais séparés et, pour ce faire, ils décident que ce dernier se fera passer pour l'assistant personnel de William. Henry est un homme beaucoup plus grand et plus robuste, et les Arabes risquent plus facilement de le prendre pour un garde du corps.

Tôt dans la matinée, ils sont conduits dans un autre hôtel à bord des deux Mercedes. Les chauffeurs empruntent un itinéraire soigneusement préparé, et le trajet se déroule sans incident.

– Ce bâtiment est sécurisé, dit un des frères en accueillant ses hôtes américains. Il n'est pas nécessaire que votre garde du corps vous accompagne. Il pourra se reposer au salon.

Tony suit le groupe à l'étage dans une salle de réunion richement décorée, à l'architecture recherchée.

Jusqu'à présent, tout se déroule selon le plan.

On leur sert des boissons et de délicieuses pâtisseries très sucrées, une spécialité locale. Au début, tout le monde se montre courtois, mais les négociations ne tardent pas à s'envenimer. A plusieurs reprises, un des frères Fahali se lève en colère, ce qui rend ses hommes particulièrement nerveux. Tony les observe d'un œil perçant, prêt à dégainer son arme en un éclair. Il n'aime pas être armé. Il préfère de loin s'appuyer totalement sur le kung-fu pour se sortir d'une situation dangereuse, mais certaines missions exigent une arme, et son client a insisté pour qu'il en porte une cette fois-ci.

William commence à transpirer. Les deux autres Américains ont formulé leurs propositions, mais ils se rendent bien compte maintenant que les choses se présentent mal. Ils préfèrent laisser le soin à William de poursuivre la discussion. Leur tentative d'obtenir un nouvel accord a manifestement été très mal prise par les Arabes.

– Comment osez-vous traiter ma famille de la sorte?! s'écrie le plus agressif des frères en frappant du poing sur la table, écrasant ainsi ses lourds bracelets en or sur le marbre fin et poli.

Tony perçoit une lueur de désespoir dans le regard de son patron. La conversation est sans issue.

– Messieurs Fahali, s'il vous plaît, commence William. Je peux vous assurer que ma société a revu la situation avec les meilleures intentions, mais malheureusement…

– Vous autres, Yankees, vous pensez pouvoir vous en sortir comme ça! interrompt un des deux Arabes en se levant brusquement.

Immédiatement, un de ses hommes bondit à ses côtés.

– Mais nous n'en resterons pas là! Nous n'en resterons pas là! hurle-t-il avant de quitter la pièce en furie.

Il s'ensuit un moment de silence. Tony palpe discrètement l'arme dissimulée sous sa veste. William est assis au bord de son siège, s'interrogeant visiblement sur l'attitude à adopter. Enfin, l'autre frère prend la parole. Sa voix est glaciale et menaçante.

– Quelqu'un doit payer pour l'insulte faite à notre nom!

Puis, à son tour, il se lève et quitte l'endroit. Et maintenant?

– Allons-y! dit Tony en soulevant William Black de son siège pour le guider vers la porte.

Les deux autres Américains s'empressent de les suivre. Tony est vraiment inquiet à présent. Parviendront-ils à sortir du bâtiment sains et saufs? Il aperçoit Henry avec soulagement. Manifestement, son collègue sait déjà que les pourparlers ont tourné court. Il attend à l'extérieur près de la Mercedes blanche. Mais alors que Tony et William approchent de la sortie, ils se retrouvent subitement face à six hommes costauds en costume-cravate et portant des lunettes noires. Tony doit-il attaquer? Non, pas maintenant. Il serre William de plus près encore en le poussant du coude vers Henry.

Au grand soulagement de Tony, les six malabars s'écartent pour les laisser passer, mais ils restent dangereusement proches. Tony pousse William et ses acolytes dans les voitures, puis il jette un rapide coup d'œil sur le chauffeur. Oui, c'est bien l'homme qui les a transférés à l'hôtel depuis l'aéroport, Abdullah. Il espère que Sandra a dit juste, et que cet Abdullah est digne de confiance. Un autre homme se trouve sur le siège du passager. Il leur est présenté comme un des équipiers d'Abdullah, Omar, qui doit servir d'interprète.

– Pff, c'était plutôt chaud! dit William alors que le véhicule démarre.

De la sueur perle à présent sur son front et il se débarrasse rapidement de sa veste. De grandes taches de transpiration maculent sa chemise bleue.

– Et ce n'est pas terminé… annonce Tony en remarquant que les hommes aux lunettes noires ont pris place dans une BMW.

– Des ennuis? demande Henry.

Henry et Tony peuvent communiquer d'un seul regard. Ils n'ont pas besoin d'exprimer leur inquiétude à haute voix devant William. En dépit des garanties données par Sandra, ni l'un ni l'autre ne font pleinement confiance aux deux hommes assis à l'avant de la voiture. Henry, au prix d'une certaine gymnastique, parvient à attraper dans le coffre la boîte contenant les armes qu'ils ont cachées là auparavant.

Tony ne quitte pas des yeux le chauffeur et la route. Il n'aime pas dépendre d'un autre de cette façon. Pendant ce temps, Henry surveille ce qui se passe derrière eux.

Soudain, Henry laisse échapper un juron. Tony se retourne. Il n'est pas surpris de voir que la BMW a dépassé la première Mercedes et les sépare ainsi des deux autres Américains.

– C'est parti! murmure furieusement Tony.

Cela ne se serait jamais produit s'il avait pu choisir lui-même les chauffeurs. Les meilleurs gardes du corps sont formés pour conduire à grande vitesse en maintenant une faible distance avec la voiture qui les suit, afin de s'assurer qu'aucun intrus ne vient s'interposer.

Tony a nourri des soupçons dès le début, mais désormais, il en est certain, de sérieux ennuis les attendent. Il voit avec horreur la BMW s'arrêter et forcer la seconde Mercedes à marquer l'arrêt. Les hommes aux lunettes noires descendent du véhicule, se dirigent vers la voiture blanche et tirent à travers les vitres sur les collègues de William.

– Fonce, fonce, fonce! hurle Tony en saisissant son arme et en la pressant sur le crâne du chauffeur.

Manifestement terrorisé, l'homme implore la protection d'Allah. Il appuie de toutes ses forces sur l'accélérateur, mais quelques instants plus tard, il stoppe net sur une voie de secours. Tony lui met son arme sous le nez en lui criant de reprendre la route. L'interprète est désormais trop terrorisé pour parler. Soudain, le chauffeur ouvre la porte et prend la fuite en hurlant: «Allah, Allah!»

Les a-t-il menés dans un piège ou craque-t-il simplement sous la pression?

Tony l'ignore et s'en moque. Il est furieux. Il se jette sur William en le forçant à baisser la tête derrière les sièges avant et en le protégeant de son propre corps. Henry saute à la place du chauffeur, enclenche une vitesse et démarre à vive allure.

La BMW noire est désormais lancée à leurs trousses.

Les rues poussiéreuses se font progressivement plus étroites et plus bondées. Ils n'ont pas la moindre idée de la direction à prendre, mais ils viennent manifestement de pénétrer sur un marché. Il y a des stands, des animaux et des gens partout. Tony, tout en maintenant William hors de vue, ne quitte pas des yeux leurs poursuivants. Il est heureux qu'Henry soit au volant, car son collègue est un des meilleurs pour faire face à ce genre de situations. Si un homme peut les sortir de là, c'est bien lui. La voiture se faufile, vire et se trouve soudain plongée dans le noir complet. Henry jure. Ils ont foncé dans un étal et, désormais, le tissu qui servait d'auvent au stand recouvre leur pare-brise.

– Accrochez-vous! hurle Henry.

Il écrase l'accélérateur et poursuit sa course à l'aveuglette. Tony entend les gens crier en s'écartant de leur chemin. Quelques secondes plus tard, l'auvent tombe, leur dégageant la vue. Henry manœuvre le véhicule d'une main de maître. Il évite les passants, mais heurte plusieurs autres stands en propulsant des fruits exotiques partout sur la chaussée.

Où sont-ils? Tony se tourne vers Omar, l'interprète. Terrifié, la tête dans les mains, il prie frénétiquement. Tony a le pressentiment que sa présence ne leur sera pas avantageuse.

– Omar, dis-nous où nous sommes!

L'homme se contente de geindre.

– Omar, il faut qu'on sorte de là! Allez, vieux, réfléchis! Emmène-nous à l'ambassade américaine ou britannique, peu importe! Réfléchis!

Omar panique, bredouille et se tord les mains avec angoisse. Tony lui plaque son arme contre la tempe. L'homme pousse un cri.

– Ici… ici, à gau… gau… che! bégaye-t-il, craignant pour sa vie.

Henry vire dans la direction indiquée en soulevant des nuages de poussière. Les voici maintenant dans une ruelle étroite.

– Non, non! crie Omar. Celle-là pas, celle-là pas!

Impossible de faire demi-tour. Henry accélère.

– Maintenant, droite, droite! hurle Omar.

La voiture opère un virage à 90 degrés et déboule dans une artère principale. Tony pousse un léger soupir de soulagement. Il préfère cela… C'est alors qu'il aperçoit… un barrage routier!

Chapitre 14

Tempête dans le désert

Tony presse plus fort encore son arme contre le crâne de leur guide. Les a-t-il conduits dans un traquenard? Henry enclenche bruyamment la marche arrière et la voiture recule de quelques mètres pour s'engager dans une autre ruelle étroite et sombre. Terrifié, Omar sanglote. Tony sait qu'ils n'iront pas très loin ainsi. Les rétroviseurs du véhicule frôlent les bâtiments qui bordent la ruelle. Henry ne ralentit pas. Ils débouchent ensuite en pleine clarté. Encore une rue bondée!

Tony jette un œil derrière eux. Ils semblent avoir semé la BMW noire.

– Arrête la voiture! ordonne-t-il à Henry.

Henry freine brusquement, heureux de pouvoir souffler.

– Dehors, dehors! crie Tony à Omar.

Terrorisé, le petit Arabe ouvre la portière et bondit à l'extérieur, les mains sur la tête. «Il pense que je vais lui tirer dessus», songe Tony.

– Très bien, allons-y! dit-il à Henry et William.

Puis il maugrée, comme pour justifier sa décision: «Il ne nous sert à rien, je ne lui fais pas confiance.»

Les trois hommes reprennent la route et débouchent enfin sur une voie plus dégagée. «Les types à la BMW auront vite fait de nous rattraper, pense Tony, et nous n'avons pas la moindre idée de la direction à prendre.»

– Il faut se débarrasser de la voiture, dit Henry, comme s'il lisait dans ses pensées. Ils vont continuer à nous chercher. De toute façon, nous serons bientôt à court de carburant.

– Il faut faire sortir William du pays le plus rapidement possible. Ils vont s'arranger pour surveiller toutes les routes principales.

– Et ensuite? demande Henry.

– Eh bien, je ne fais pas confiance à ce type, Abdullah, donc tous nos contacts saoudiens ne sont pas fiables. Je connais un lieu sûr en Jordanie, mais ce doit être à plus de 800 kilomètres.

– Et le Koweït ou Bahreïn?

– Bahreïn est probablement l'endroit sûr le plus proche, répond Tony en tentant de visualiser la carte du Moyen-Orient. Si nous pouvons y arriver, je suis sûr que Sandra nous obtiendra des papiers pour rentrer le plus vite possible aux Etats-Unis.

Tony s'assied un moment en s'interrogeant sur la distance qu'ils pourront parcourir à pied. Il observe William Black. Cet homme approche la cinquantaine. Il a la peau claire, les cheveux blonds et un peu trop d'embonpoint. Il est assez petit, mais Tony a toujours trouvé qu'il avait beaucoup de présence, le genre de présence que procurent l'argent et le pouvoir. Pour l'heure, il paraît juste effrayé. «Combien de temps résistera-t-il dans le désert?» se demande Tony. Il vérifie leurs réserves. Quatre petites bouteilles d'eau minérale et deux barres de chocolat. Pas de quoi aller très loin, en particulier sous le soleil du désert.

– Pourquoi ralentis-tu, Henry?

Mais Tony connaît déjà la réponse. Après avoir hoqueté un moment, la voiture finit par s'immobiliser complètement.

Frustré et furieux, Henry tape violemment du poing sur le volant.

– Première règle en conduite de protection rapprochée…

– …toujours partir avec un réservoir rempli! achève Tony. Le plein n'était probablement fait qu'à moitié quand nous avons quitté l'hôtel.

– Si mes estimations sont bonnes, cette route est la voie principale qui mène à Harad, dit Henry en se concentrant sur la tâche qui les attend.

Tony regarde à sa gauche. Le paysage est aride et broussailleux. A sa droite, le désert, qui s'étend à perte de vue, tel un interminable fleuve doré.

– Tu en es vraiment sûr, Henry? demande-t-il.

– Pas du tout, mais je n'ai pas d'autre idée. En tout cas, si nous parvenons jusqu'à Harad, nous devrions pouvoir contacter Sandra.

Ensemble, ils poussent la voiture sur le bas-côté. Il y a peu de passage, mais si cette route mène à la ville voisine, les hommes des Fahali ne tarderont pas à retrouver leur trace.

– Impossible de la dissimuler complètement! soupire William alors qu'ils abandonnent le véhicule dans les broussailles.

Il prend une bouteille d'eau et se met à boire goulûment. Tony la lui arrache des mains.

– Tout doux avec l'eau! Nous ne savons pas combien de temps nous devrons passer dans le désert!

Il s'inquiète encore de la capacité de résistance de William. A l'extérieur du véhicule climatisé, la chaleur est étouffante.

– Partons d'ici! dit Henry en ouvrant la marche. Il faut prendre la direction de l'ouest, puis retourner vers le nord pour pouvoir marcher parallèlement à cette route. Au moindre bruit de moteur, tout le monde se jette à terre, compris?

– O.k., répond mollement William en nouant les coins de son mouchoir pour se faire un chapeau de soleil.

Ils marchent plusieurs heures, jusqu'à ce que le paysage change légèrement. Enfin, ils trouvent un peu d'ombre à l'abri de rochers et d'arbustes et prennent quelques instants de repos. William souffre visiblement beaucoup de la chaleur, et Tony est de plus en plus inquiet. Il sait qu'ils courraient moins de risques en marchant dans l'obscurité, mais il sait aussi combien le désert peut être glacial la nuit. Des changements de température aussi extrêmes pourraient venir à bout de William.

Ils reprennent leur interminable marche jusqu'à ce qu'ils arrivent enfin à une petite ville. Le soleil s'est couché et, comme Tony l'a pressenti, William tremble de froid. Ils aperçoivent un panneau rédigé en arabe et en anglais.

– Harad! lit Tony. Bien joué, vieux! ajoute-t-il en balançant une claque dans le dos d'Henry.

Les rues sont calmes. Quelques hommes discutent et fument à l'extérieur. Ils disparaissent rapidement à l'approche des étrangers.

– Charmant! se moque William.

– Par ici! appelle Henry en désignant un bâtiment qui ressemble à une station-service.

A l'intérieur, William se précipite vers le rayon des boissons et ouvre une bouteille d'eau sans attendre. Etonné, le patron sort de sa torpeur, mais Henry lui fourre rapidement quelques dollars dans la main. Le regard du petit commerçant brille lorsqu'il examine les billets et il adresse un large sourire aux trois hommes.

– J'aurais besoin d'utiliser votre téléphone, explique Tony dans un mélange d'anglais et de mauvais arabe, s'aidant de quelques gestes.

Le pompiste se contente de le fixer sans broncher. Tony se met en colère. Il sait que l'homme a compris. La bouteille à la main, William s'interpose et ouvre son portefeuille qui déborde de billets. L'Arabe regarde avidement l'argent et, sans hésitation, prend le téléphone derrière le comptoir pour le donner à Tony.

– Sandra, ah, quel soulagement de t'entendre! s'exclame Tony avant de lui résumer brièvement ce qui vient de se passer.

– Ne vous inquiétez pas! Vous vous trouvez à une centaine de kilomètres de notre lieu sûr à Bahreïn. Continuez vers l'est. Je vais m'arranger pour vous fournir de faux passeports qui vous permettront de sortir du pays.

Sandra lui donne des informations codées sur le lieu de rendez-vous et le nom du contact qui leur viendra en aide, lorsqu'une BMW noire familière s'arrête devant la station-service. Henry saisit William par le coude et le fait disparaître par une porte arrière. Tony laisse tomber le téléphone et leur emboîte le pas en leur hurlant de continuer à courir.

Ils s'enfuient par d'étroites ruelles et des passages dérobés. Mais déjà, ils perçoivent les pas de leurs poursuivants… puis des cris. Et soudain, un coup de feu! Une balle ricoche sur une façade, juste au-dessus de la tête de Tony.

– Emmène William, continuez à courir, ne vous retournez pas! lui crie Henry.

Puis il commence à riposter aux tirs de leurs adversaires avec ses deux pistolets.

Tony n'a pas le temps de réfléchir. Il pousse William dans une ruelle étroite.

– On est tous morts! geint William.

– Pas encore. Continuez! réplique Tony sèchement.

Nouvel échange de tirs. Henry les couvre, quelques mètres derrière eux. Soudain, un seul coup de feu retentit, suivi d'un cri terrifiant. Est-ce Henry?

Ils doivent continuer à courir. Le professionnalisme de Tony prend le dessus. Il n'a pas le choix. Son travail consiste à protéger William Black à tout prix. Il doit abandonner son ami.

Les deux hommes courent à perdre haleine. Ils franchissent des porches, traversent des cours intérieures, escaladent des murets et s'enfoncent toujours plus profondément dans les méandres de la ville.

– Stop, stop, je dois m'arrêter! halète William.

Même dans l'obscurité, Tony distingue le teint écarlate de son client, épuisé par l'effort.

– Je n'irai pas plus loin, mon vieux! dit-il le poing crispé sur sa poitrine. Je suis à bout. Si ces types ne me tuent pas, c'est une crise cardiaque qui le fera!

Ils se trouvent dans une cour privée. Tony repère un mur couvert d'une épaisse vigne.

– Par là! dit-il en tirant William vers le feuillage touffu où ils se cachent.

Ils ont visiblement semé leurs agresseurs, mais Tony sait que ce n'est pas pour longtemps. Les hommes s'attendent à ce qu'ils se cachent en ville. Il pressent qu'ils ne trouveront pas un seul allié ici. Aucune cachette possible! Mais s'ils restent là jusqu'au lever du soleil, ils seront aisément repérés. Ils devraient peut-être fuir par le désert. Leurs poursuivants ne s'en douteront pas. Mais est-ce raisonnable? Combien de temps devront-ils courir? Il devrait pouvoir déterminer la direction à prendre en se repérant d'après les étoiles, mais il ignore combien de temps durera la traversée à pied. Il risque de mener William à la mort.

Tony comprend rapidement qu'il n'a pas le choix. A ce moment-là, un homme de grande taille sort dans la cour. Il porte un gilet et une cigarette pend à ses lèvres. Manifestement, il a entendu du bruit devant chez lui. Tony se raidit. Sont-ils bien cachés derrière la vigne? William est toujours très essoufflé. Tony retient sa respiration. A ce moment, son client gémit et l'homme écarte immédiatement le feuillage. Pendant un instant, il reste bouche bée. Ils se regardent et Tony pose un doigt sur ses lèvres, suppliant silencieusement l'étranger de garder le silence.

Soudain, il y a de l'agitation. L'homme pousse un cri puissant qui alerte les voisins. La cour grouille bientôt de monde, et Tony et William se retrouvent pris au piège! Tony fait appel à ses techniques de kung-fu pour écarter l'homme, mais il lui faut sortir son arme et tirer un coup en l'air pour disperser la foule. Car, c'est certain, dans quelques minutes seulement, leurs agresseurs les auront rattrapés.

La voie étant libre, Tony reprend sa course avec William dans un dédale de ruelles et de passages étroits, jusqu'à ce qu'ils aperçoivent enfin le désert.

– Oh non! hoquette William en comprenant que Tony les emmène vers le sable maudit. C'est impossible!

– Par là! siffle Tony. Ou peut-être avez-vous une meilleure idée? dit-il en poussant son patron.

Ils courent ainsi pendant environ une heure, trébuchant parfois. Tony a alors la certitude qu'ils ne sont plus poursuivis. Le sable rend leur marche difficile et ils s'enfoncent souvent. Mais à bout de souffle, ils continuent de progresser dans l'air sec de la nuit. Le plan semble fonctionner.

– Ils doivent encore être en train de ratisser la ville à notre recherche! dit Tony en s'efforçant d'encourager William. Quand ils comprendront que nous ne sommes plus là, ils se lanceront probablement à nos trousses, mais ils ne pourront pas continuer avec leur voiture dans le désert.

– A quelle distance se trouve Bahreïn?

– Vous ne voulez pas le savoir!

Les deux hommes avancent en silence le plus rapidement possible. Tony refuse d'admettre à quel point il est inquiet. Il sait que ces gangsters ne renonceront pas facilement. Ils seront bientôt à nouveau sur leurs talons.

* * *

– Ecoutez!

Tony croit avoir entendu quelque chose.

– Ce sont eux? demande William horrifié.

Ils se retournent et plissent les yeux pour scruter les traces laissées dans le sable. Quelque chose approche au loin.

– A quelle distance sont-ils?

– C'est impossible à dire! répond Tony.

Il craignait une tempête de sable, et déjà le vent soulève des milliers de grains qui leur fouettent le visage et les aveuglent. Au moins, la tempête effacera leurs traces, mais parviendront-ils à prendre suffisamment d'avance avant que le soleil ne se lève et qu'ils ne se retrouvent à nouveau à découvert? Il en doute. Il est certain de distinguer des voix arabes, de plus en plus proches, peut-être portées par le vent. Les hommes de main des Fahali doivent être plus près qu'ils ne le croient. Tony se creuse la tête pour élaborer un plan, quand ils atteignent le sommet d'une dune.

William se fige.

– Regarde!

Tony plisse les yeux et aperçoit des feux de camp. Il y en a un grand nombre. Il peut aussi distinguer des silhouettes de tentes et d'animaux.

– Des Bédouins! dit-il.

– Quoi? demande William.

– Des nomades du désert. Venez, ils sont notre seule chance!

Tony connaît un peu les populations nomades qui parcourent le désert. Il espère qu'ils seront à l'abri dans leur communauté. De toute façon, ils n'ont pas le choix. Ils dévalent la dune en direction du campement.

Chapitre 15

La fuite

– C'est une heure bien tardive pour se promener dans le désert, Messieurs!

Tony et William n'en croient pas leurs oreilles. Cette voix est celle d'un jeune Bédouin de grande taille. S'écartant quelque peu de ses chameaux, il leur adresse un large sourire. Ils ne s'attendaient pas à entendre parler anglais!

– Qu'est-ce qui ne va pas, Messieurs? demande-t-il sans se départir de son sourire et en détaillant le duo échevelé et essoufflé qui lui fait face.

– Nous avons des problèmes… commence Tony en s'efforçant d'afficher un calme apparent. Des types essaient de nous tuer.

– Pourquoi? Qu'avez-vous fait?

– Nous n'avons rien fait de mal, répond Tony qui préfère ne pas en dire trop au jeune homme.

Il est soulagé que ce dernier lève la main pour lui signifier qu'il n'a pas besoin d'en savoir plus.

– Venez! dit-il. Vous n'avez pas l'air dangereux.

Tony jette un coup d'œil anxieux sur l'étendue désertique derrière eux, puis se laisse guider par l'homme vers une immense tente.

– Ce soir, vous mangerez, vous boirez et vous vous reposerez avec nous.

Epuisés, Tony et William sont reconnaissants pour le pain, le fromage de chèvre, le miel et les lentilles épicées qui leur sont servis. William ne tarde pas à s'endormir, emmitouflé dans une grande peau de mouton.

Tony fixe les flammes et songe à son ami Henry. Il n'a rien pu faire pour le sauver. Il est mort en faisant son boulot. Ils connaissaient tous deux les risques du métier, mais la perte d'un homme de valeur est chaque fois douloureuse.

– Le repas vous a plu? demande le jeune homme en s'asseyant aux côtés de Tony.

Hashanni, tel est son nom, se réjouit manifestement de pouvoir parler anglais avec un visiteur. Il s'exprime avec facilité, malgré son accent très prononcé, et parle abondamment. Mais les paupières de Tony s'alourdissent de plus en plus. Il lutte pour rester éveillé, craignant offenser leur hôte, et il est soulagé quand Hashanni lui remet enfin une couverture.

– Reposez-vous à présent, lui dit-il. Nous continuerons demain!

Hashanni est sur le point de s'en aller lorsqu'il se penche à nouveau vers Tony, qui est surpris.

– Vous m'avez dit avoir des problèmes, dit-il d'une voix basse, mais claire. Vous pouvez rester ici trois jours. Mon peuple vous protégera sans vous poser de questions.

– Merci… commence Tony, mais Hashanni lève la main pour l'interrompre.

– Au bout de ces trois jours, vous nous en direz plus sur vos activités, ou vous partirez…

Après une courte pause, il poursuit.

– …ou nous vous tuerons. C'est la règle chez nous, les Bédouins.

Hashanni sourit, mais Tony devine qu'il est tout à fait sérieux.

– Merci pour votre généreuse hospitalité, répond Tony en s'inclinant devant lui.

Ravi, Hashanni éclate de rire en tapant des mains.

A sa grande surprise, Tony dort paisiblement cette nuit-là.

* * *

Le lendemain matin, William et Tony restent à proximité de leur hôte. Tony suppose qu'aucun des autres membres de la petite communauté ne comprend l'anglais. D'ailleurs, excepté Hashanni, ces Bédouins ne leur manifestent pas beaucoup d'intérêt. Le jeune nomade s'occupe de ses chameaux. Tony observe les bêtes avec méfiance. Il a étudié beaucoup d'animaux durant sa formation en kung-fu, mais le chameau demeure pour lui un mystère. Quelque chose le dérange chez ce mammifère.

– Il ne te quitte pas des yeux! plaisante William alors qu'ils observent Hashanni en train de remplir des musettes de nourriture.

– Qu'est-ce qu'il y a là-dedans? demande Tony en montrant un des sacs.

Immédiatement, une des bêtes se précipite sur lui en crachant et en grognant.

– Hé, vas-t'en, bah bah! crie Tony alors que le chameau cherche à le mordre.

Il bat en retraite, mais l'animal affiche un air déterminé. Tony se met à courir et le chameau se lance à sa poursuite.

– Fais quelque chose! hurle-t-il à l'intention de Hashanni, mais William et Hashanni se tordent de rire. Même quelques autres membres de la tribu ont interrompu leurs tâches pour observer la scène. Ils ne peuvent s'empêcher de rire devant ce spectacle.

Tony se réfugie dans la tente la plus proche. A l'extérieur, il entend le chameau s'ébrouer et gratter le sol, attendant qu'il sorte.

– Tout va bien, mon ami! dit le jeune Bédouin. Tu peux sortir à présent! Je l'ai enchaîné. Il a cru que tu voulais lui voler son repas.

Tony risque un œil à l'extérieur. Le chameau est attaché à proximité, le museau plongé dans son sac de nourriture. Il lui lance un regard méfiant. L'animal lève la tête un instant et renifle bruyamment pour manifester son dégoût.

William les rejoint, le visage mouillé par les larmes, tant il a ri. Il ne ressemble plus du tout au fugitif effrayé de la veille.

– Ha, ha, comme c'est amusant! fait Tony, vexé.

Il déteste avoir l'air d'un idiot.

– Allez, Tony, détends-toi! Reconnais que c'était très drôle, dit William qui a encore du mal à retrouver son sérieux.

– Ne t'inquiète pas, mon ami! dit Hashanni en lui donnant une tape amicale dans le dos, cet après-midi, je t'apprendrai à monter!

Tony sourit faiblement. Il n'a aucune envie d'apprendre à monter sur cette méchante bête, mais quelque chose lui dit que ce pourrait bien être la seule façon pour eux de quitter le désert.

* * *

Tony et William passent deux jours avec les Bédouins, le temps de reprendre des forces.

– On dirait Lawrence d'Arabie! plaisante William, tandis qu'Hashanni aide Tony à monter sur un chameau pas du tout coopératif.

– Qui? demande Tony, sans vraiment s'en soucier.

Il a dû ravaler sa fierté pour approcher à nouveau cet animal auquel il n'accorde d'ailleurs aucune confiance. Le sentiment est manifestement réciproque. Le chameau grogne avec arrogance et refuse de bouger lorsque Tony tente de le faire avancer. Il imite l'étrange son guttural émis par Hashanni et secoue les rênes, mais rien à faire, la bête garde obstinément les sabots cloués au sol.

– Il n'ira nulle part, mon vieux! s'exclame William en riant.

Avant que Tony ne puisse répondre, Hashanni donne un coup de fouet sur les flancs du chameau. L'animal se lance immédiatement dans un trot furieux et Tony doit se cramponner pour ne pas basculer.

Le peuple bédouin l'intrigue. Ce sont des gens paisibles et profondément religieux. Ils remercient Allah avant chaque repas et respectent la loi coranique en faisant leurs prières cinq fois par jour. A l'intérieur des tentes, Tony s'émerveille de voir des hommes, des femmes et des enfants travailler méthodiquement et silencieusement à des travaux de tissage compliqués et colorés.

– Nous les vendrons, avec d'autres ouvrages, lors de notre prochaine visite à la ville, explique Hashanni en présentant fièrement le magnifique artisanat de son peuple aux deux étrangers.

Hashanni est un hôte merveilleux, mais Tony ne peut oublier l'échéance des trois jours. Il ne souhaite pas s'attirer de nouveaux ennuis et veut ramener son patron en Amérique le plus rapidement possible. En échange de quelques centaines de dollars, chacun reçoit un chameau et ils peuvent s'enfoncer dans le désert en direction du Qatar.

– Lorsque vous arriverez là-bas, cet homme vous aidera à vous rendre à Bahreïn! leur a dit Hashanni au moment du départ, fourrant un morceau de papier avec un nom et une adresse dans la main de Tony. Dites-lui qu'Hashanni, le Bédouin, vous envoie. Il vous protégera.

– Merci, a dit William en lui glissant une liasse de billets dans la main. Nous te sommes extrêmement reconnaissants pour ce que tu as fait pour nous.

– Faites bon voyage, mes amis étrangers!

Peu de temps après, Tony et William se retrouvent à bord d'un bateau bondé pour Bahreïn. La chaleur et les odeurs sont étouffantes, et beaucoup d'animaux sont entassés au milieu de la foule des passagers.

– A présent, je sais pourquoi je préfère l'avion! dit William.

* * *

Ils ont pu contacter Sandra au siège, et elle a pris des dispositions pour qu'un Allemand, Julian, les accueille à l'arrivée du bateau.

– Voici vos nouveaux papiers, explique-t-il en remettant à chacun une enveloppe.

Tony jette un œil sur son nouveau passeport et sourit.

– Ah, me voici donc devenu italien: Antonio Carreras.

– Tu parles italien, pas vrai? demande Julian.

– Suffisamment pour m'en sortir, je suis à moitié italien. Mais ne t'inquiète pas, nous éviterons de parler, et nous ne devrions pas avoir de problème, dit Tony.

– C'est aussi bien, interrompt William, parce que je ne parle pas un traître mot de néerlandais!

Il montre son faux passeport à Tony.

– Walter Schmidt des Pays-Bas, lit Tony en riant. Ouais, c'est parfait pour vous!

– Voici aussi des billets d'avion, dit Julian. C'est une compagnie bulgare. Le vol n'est pas direct, mais nous avons préféré éviter les compagnies américaines, au cas où les frères Fahali les feraient surveiller.

– Bien sûr! répond Tony. Je connais la procédure.

Il sait qu'il est encore trop tôt pour se détendre, mais il ne peut s'empêcher de pousser un soupir de soulagement lorsque l'avion quitte Bahreïn. Puis, le lendemain, il crie intérieurement victoire lorsqu'ils arrivent enfin à l'aéroport Kennedy de New York.

William le récompense généreusement.

– Je te dois la vie, lui dit-il.

– C'est mon boulot, Monsieur, répond Tony en souriant. Mais je me réjouis malgré tout de ne plus jamais remettre les pieds en Arabie saoudite!

Quelques jours plus tard, Tony reçoit les informations au sujet de sa prochaine mission.

– Non! s'exclame-t-il incrédule.

Il sera désormais le bras droit d'Amin Fahed, ambassadeur d'Arabie saoudite en Grande-Bretagne, en Italie et à Chypre!

Chapitre 16

L'amour enfin

Tony parcourt le monde en compagnie d'Amin Fahed. Le gouvernement saoudien exige la meilleure des protections pour son ambassadeur. Il dirige donc une équipe de sécurité composée de cinq hommes d'élite et mène la grande vie, alors que Fahed partage son temps entre ses luxueuses demeures de Londres, Naples et Limassol.

Tony est très bien payé, mais il n'a pas vraiment le loisir de dépenser son argent. D'ailleurs, il n'en éprouve pas le besoin. Il préfère en envoyer une bonne partie à ses parents, qu'il a pu installer dans un joli appartement du quartier Paddington à Londres. Enfin, sa mère jouit du train de vie dont elle a toujours rêvé. Tony est heureux de pouvoir subvenir aux besoins de ses parents, mais il s'efforce de ne pas trop penser à eux. Malgré sa générosité, sa mère ne paraît jamais heureuse de le voir. Elle reste très froide à son égard. «On dirait qu'elle ignore comment se comporter en ma présence, même après tant d'années», songe tristement Tony.

Pendant toute sa vie, Tony a volontairement écarté certaines pensées de son esprit. Pourquoi n'a-t-il pas été élevé comme un enfant ordinaire? Pourquoi ses parents se montrent-ils si indifférents à son égard? Qu'a-t-il fait pour mériter cela? Parfois, ces questions hantent ses rêves. Il revit son départ brutal pour la Chine, lorsqu'il était petit, les coups de son grand-père, les rencontres glaciales avec ses parents, comme s'il était un étranger, les brutes qui le malmenaient à l'école… Il s'éveille souvent en gémissant, au milieu de la nuit, trempé de sueur. Il s'éponge alors le front et fixe son reflet dans le miroir, pour se rappeler où il se trouve et qui il est.

«Je suis fort et j'ai réussi dans la vie, se dit Tony dans ces moments. Je n'ai besoin de personne. Je suis le bras droit d'Amin Fahed et j'ai une mission à accomplir.» Ensuite, il entre en méditation et répète les exercices de kung-fu que lui a enseignés son maître. Il repense au *Tar Shui* et au moment où il est sorti de la montagne Tai Shan en portant fièrement le chaudron ardent à l'effigie du dragon. Il songe à son grand-père. En grandissant, il l'a détesté pour sa cruauté, mais d'une certaine façon, il s'est senti poussé à le satisfaire, à gagner son respect. C'était la seule chose qui le rendait heureux. Les paroles de Lowsi résonnent encore à ses oreilles: «Lo Fu Zai, reste toujours invaincu!»

* * *

– Hé, Gerry, comment ça va?

Tony salue le jeune Chinois par une chaleureuse poignée de main. Il n'a pas beaucoup d'amis, mais lorsqu'il est à Londres, il passe souvent du temps avec Kingsley ou un des anciens étudiants de

M. Chang. En congé pour deux semaines, tandis qu'Amin Fahed se trouve en Arabie saoudite, il a décidé de rendre visite à ses parents.

C'est une magnifique journée d'été, et Tony et son ami ont loué une barque pour une promenade sur le lac de Hyde Park[1]. Ils ne sont pas les seuls à profiter du beau temps. Le lieu est bondé d'étudiants et de touristes qui s'amusent sur l'eau. Gerry rame paresseusement, tandis que Tony, allongé à l'arrière, savoure la douce chaleur du soleil qui lui caresse le visage.

– Hé, Tony, regarde ça! dit Gerry en riant.

Tony se redresse et plisse les yeux, ébloui par la luminosité. Devant eux vogue une autre barque, occupée par trois jeunes filles blondes. Elles ont perdu une de leurs rames et deux d'entre elles, se penchant d'un côté, tentent de la rattraper. Tony et Gerry observent la scène. Les filles rient et s'éclaboussent tellement que l'embarcation tangue dangereusement et s'éloigne toujours plus de la rame perdue.

– Besoin d'aide? crie Tony tandis que Gerry rame déjà en direction des jeunes femmes.

– Ah, voici nos sauveurs! s'écrie l'une d'elles en les voyant s'approcher.

Tony pourrait facilement rattraper leur rame, mais il est beaucoup plus amusant de procéder à un «vrai sauvetage».

– Je crois qu'il ne vaut mieux pas que vous insistiez! plaisante-t-il en montrant la rame qui s'éloigne à la surface de l'eau. Vous feriez mieux de grimper dans notre barque pour que nous puissions vous ramener sur la terre ferme!

[1] Vaste parc du centre-ouest de Londres. (N.d.E.)

Les filles gloussent un peu plus et se concertent rapidement avant d'accepter la proposition.

– Moi c'est Leah! dit la plus grande, et voici mes sœurs: Lena et Aiya. Nous venons de Suède.

Gerry se présente ainsi que Tony, tout en prenant la main de Leah pour l'aider à monter dans leur embarcation. Les deux barques tanguent dangereusement pendant la manœuvre, ce qui déclenche de nouveaux éclats de rire. Une fois en sécurité, Leah tend la main vers sa sœur.

– Aiya, prends ma main!

Tony regarde la plus jeune des sœurs, toujours assise dans le bateau. Elle s'agrippe nerveusement au rebord. Il remarque que l'autre, Lena, l'aide à se lever, comme si elle ne pouvait pas y parvenir seule. C'est alors qu'il comprend. Aiya est aveugle.

La jeune fille se lève et se penche vers Leah, mais l'embarcation tangue à nouveau, et Leah tombe à la renverse dans les bras de Gerry. Ne pouvant plus s'appuyer sur sa sœur, Aiya commence à perdre l'équilibre, mais juste à temps, Tony la prend par la taille et la soulève pour la poser doucement dans sa barque. Il ne la lâche pas tout de suite pour s'assurer qu'elle retrouve bien l'équilibre. Alors que son visage est si proche du sien, Tony peut admirer ses grands yeux d'un bleu azur et son merveilleux sourire.

A ce moment, il se passe quelque chose. Un frisson lui parcourt le corps et il a comme le souffle coupé. L'instant est très bref et Tony se souvient alors que la troisième jeune femme est restée dans le bateau. Il tend la main et s'aperçoit que Gerry est déjà en train de lui venir en aide.

Prenant chacun une rame, Tony et Gerry ramènent les trois sœurs sur la rive.

– Nous vous sommes tellement reconnaissantes! glousse Leah. Laissez-nous vous offrir un café et une pâtisserie pour vous remercier.

Les garçons ne se font pas prier. Tandis qu'ils amarrent la barque surchargée, Leah, Gerry et Lena sautent à terre et Tony se retrouve derrière Aiya. Il ignore comment l'aider au mieux. Il se prépare à la soulever comme il le fait avec son père pour l'asseoir dans son fauteuil roulant. Devinant son malaise, Aiya sourit. Elle le guide doucement devant elle pour pouvoir poser sa main droite sur son épaule.

– Comme ça, ce sera parfait! dit-elle en lui indiquant qu'il peut sortir de l'embarcation.

Conduite par Tony, Aiya peut poser le pied sur la rive en toute confiance.

A nouveau, Tony éprouve ce sentiment inconnu et étrange. La main d'Aiya ne quitte pas son épaule tandis qu'elle se déplace pour le «voir» en face. Elle lève la main gauche et commence à toucher doucement son visage, faisant courir ses doigts sur son front, ses yeux, l'arête de son nez, ses joues et son menton. Elle le «regarde» avec ses mains.

– Hmmh, tu es vraiment très beau! dit-elle malicieusement.

Tony rougit, mais il sourit jusqu'aux oreilles.

– Tu me fais du charme? demande-t-il.

Pendant tout l'après-midi, Tony ne peut détacher son regard d'Aiya. Elle est très belle, et si drôle.

– C'est la plus intelligente de la famille, dit Leah en remarquant la façon dont Tony observe sa sœur.

T'a-t-elle dit qu'elle étudiait le droit ici, à Londres? Nous deux, nous ne sommes que des touristes, explique-t-elle en souriant et en adressant un clin d'œil à Lena.

Tony rougit à nouveau. Aura-t-il le courage d'inviter Aiya à sortir en ville avec lui? Il se demande ce que ses sœurs en penseront, mais il n'a pas à s'inquiéter…

– C'est un endroit merveilleux! s'enthousiasme Aiya plus tard dans la soirée, lorsque Tony lui fait visiter le quartier chinois de Londres.

– Je savais que ça te plairait, répond Tony, ravi de la voir s'imprégner de l'atmosphère des rues.

C'est une soirée délicieusement douce, et les gens s'attardent à l'extérieur. Des parfums alléchants s'échappent des restaurants, et des conversations en cantonais et mandarin animent le quartier.

Après cela, Tony et Aiya retournent très souvent dans le quartier chinois. C'est le début d'une amitié extraordinaire.

Tony aime son travail et il apprécie d'accompagner Amin Fahed dans ses déplacements, mais à présent, il a plus de mal à quitter Londres. Il revient voir Aiya dès que possible. Ils discutent pendant des heures en se promenant dans les parcs ou en prenant le bateau sur la Tamise. Le soir, ils se rendent dans le quartier chinois ou vont au cinéma. Tony décrit les scènes du film en chuchotant dans l'oreille de la jeune femme, ce qui la fait souvent pouffer de rire. A la fin de chaque trimestre, elle rentre en Suède, et Tony est parfois en mesure de l'accompagner chez ses parents.

* * *

Tony est de retour en Italie. Un soir, perdu dans ses pensées, il ne parvient pas à trouver le sommeil. Il regarde sa montre: minuit. A Londres, il est une heure de moins, et il suppose qu'Aiya est encore en train d'étudier. Le simple fait de songer à elle le fait sourire. Elle est belle, intelligente et amusante. Il n'a jamais ri autant qu'en sa compagnie. Sa famille aussi est formidable. «C'est de là qu'elle tire son assurance», se dit Tony avec attendrissement. Cette réflexion le fait penser à sa propre famille. Il ne parle jamais beaucoup de ses parents et de la tristesse qu'il éprouve au plus profond de lui-même, mais d'une certaine façon, Aiya semble comprendre.

– Tu es seul, lui a-t-elle dit peu après leur première rencontre.

– Seul? a-t-il répondu, surpris.

Il n'y avait jamais vraiment pensé auparavant, mais oui, peut-être a-t-elle mis le doigt sur le problème. L'entraînement dispensé par Lowsi a fait de lui un jeune homme fort et discipliné, et il croit vraiment n'avoir besoin de personne. Pourtant, parfois, lorsqu'il est seul avec lui-même, il doit reconnaître qu'il se sent profondément triste et, quelque part, perdu.

– Ne t'inquiète pas, lui a dit Aiya, les yeux brillants. Tu m'as à présent, tu peux être heureux.

Sur ces mots, elle a souri malicieusement et Tony a éprouvé à nouveau ce sentiment étrange, extrêmement agréable.

Chapitre 17

La déchirure

Tony n'aime pas être séparé d'Aiya, mais elle étudie beaucoup et il a du travail à Chypre. Quand Amin Fahed séjourne sur l'île, Tony loge dans un appartement de la FIKF qu'il partage avec deux basketteurs professionnels. Comme lui, William et Kevin sont des sportifs de haut niveau, extrêmement disciplinés, qui prennent leur entraînement très au sérieux. Mais les deux basketteurs sont aussi des compagnons très agréables et, quand il est libre, Tony aime passer du temps en leur compagnie. Il participe à leurs blagues et à leurs farces. William est le plus terrible d'entre eux. Cet immense gaillard, originaire de Chicago, a toujours une plaisanterie en réserve.

Un soir, tard, William et Tony sont absorbés par un film lorsque le téléphone sonne. Tout d'abord, ni l'un ni l'autre ne prêtent attention à la sonnerie, puis William finit par déplier ses longues jambes pour s'extraire du canapé et décrocher le combiné. Tony remarque à peine qu'il s'est levé.

Quelques instants plus tard, William revient et se poste devant lui.

– Eh, mec, écarte-toi de la télé! proteste Tony.

Son ami se retourne pour éteindre l'appareil.

– Tony, écoute... J'ai une très mauvaise nouvelle... C'est Aiya... Elle est morte, mon gars, elle a été tuée dans un accident de voiture...

En un éclair, tout l'univers de Tony s'effondre.

William lui explique qu'Aiya est sortie avec une amie à Londres. Des jeunes, qui avaient trop forcé sur la drogue et l'alcool, ont voulu doubler un camion dans une voiture volée, et ils ont embouti le véhicule des filles à pleine vitesse. Ils sont tous morts.

Tony a l'impression que ses poumons vont éclater. Il suffoque et son cœur bat à toute allure. Une force incontrôlable inonde soudain toutes les fibres de son être d'une puissante folie meurtrière et il s'en prend à William.

– C'est encore une de tes stupides blagues, c'est ça?! hurle-t-il en lui tapant dessus.

Submergé par la rage, il cloue le jeune homme au sol en criant: «Je ne te crois pas, je ne te crois pas!»

Mais au plus profond de lui, Tony sait que même William n'oserait pas plaisanter sur un tel sujet. C'est vrai. Aiya, sa meilleure amie, la seule personne qu'il ait jamais aimée, est partie. Morte. Rien ne pourra jamais la ramener.

* * *

Dès cet instant, un changement s'opère en Tony. Rien ne sera plus comme avant. La rage qui l'a saisi ce soir-là se répand irrésistiblement dans tout son être, tel un poison mortel, et finit par le submerger totalement. La haine accumulée depuis son enfance n'a jamais été évacuée. Elle est demeurée profondément enfouie en lui. Les victoires de Tony et son self-control ainsi, bien entendu, qu'Aiya, l'ont aidé à la réprimer pour un temps. Mais à présent, tel un terrible animal sauvage, la voici lâchée et prête à s'attaquer à quiconque croise son chemin.

Tout son entourage peut constater que Tony est déchaîné. William et Kevin tentent de l'aider, de lui parler, mais à chaque fois, il menace de les tabasser. Il refuse la moindre compassion. Il ne veut qu'une chose: qu'on le laisse seul. La FIKF veut lui imposer un congé, mais Amin Fahed l'appelle personnellement. Il doit à nouveau partir en voyage et il aimerait que Tony l'accompagne. Tony veut reprendre le travail. S'il est occupé, peut-être parviendra-t-il à oublier ce qui est arrivé. Mais il ne peut oublier. Il est obsédé par la pensée d'Aiya et des fous qui la lui ont arrachée. Une rage profonde et mortelle bouillonne en lui.

* * *

– Que t'est-il arrivé? demande Amin avec un sourire narquois.

Il a remarqué le gros bleu qui maquille l'œil de son garde du corps.

– Simple bagarre dans un bar, rien d'insurmontable, maugrée Tony, gêné de devoir rendre des comptes à son patron.

Pourtant, la seule chose qu'il a ressentie la veille était un sentiment d'excitation. Il avait besoin de se battre, et quelques marins ivres ont fait des adversaires idéaux… et malheureux.

– Ce soir, j'ai envie de jouer. Je veux que tu m'accompagnes au casino, décrète Amin.

Le riche Arabe souffle la fumée de son cigare dans la pièce. Il arbore un large sourire, exhibant plusieurs dents en or. Puis il se dirige vers le coffre-fort et en sort d'épaisses liasses de billets, retenues par une pince d'or.

– J'ai un bon pressentiment pour cette soirée, dit-il avec un clin d'œil.

Le casino est bondé, et la plupart des clients accueillent Amin par une poignée de main ou un salut respectueux. On les conduit vers un salon privé. En sa qualité de bras droit, Tony doit rester à proximité de son patron à tout moment. Le reste de l'équipe couvrira d'autres endroits de l'édifice. Amin a beaucoup d'ennemis, de sorte qu'il ne se déplace jamais sans son unité de protection rapprochée.

Le directeur du casino escorte Amin jusqu'à sa table préférée, et Tony voit une expression familière de plaisir mêlé d'arrogance s'inscrire sur son visage, tandis qu'on lui distribue ses cartes. Le jeu commence à peine lorsqu'un petit homme en sueur surgit aux côtés d'Amin. Il lui chuchote rapidement quelque chose à l'oreille tout en lui caressant le bras comme un chiot qui supplie son maître. Tony observe la scène d'un œil perçant. Amin s'irrite. Tony attend. Puis, Amin hoche la tête et Tony s'avance pour se poster contre le petit homme et lui indiquer clairement qu'il doit s'en aller. Le pauvre type hésite. Effrayé, il regarde Tony, puis se remet à parler, plus vite et plus désespérément encore. Tony, sans attendre un second signal de son patron, frappe l'intrus à la gorge. Celui-ci gémit de douleur et détale comme un lapin effrayé. Les autres joueurs s'interrompent, et un murmure d'effroi parcourt la salle.

Amin tape des mains.

– Messieurs, jouons, voulez-vous? dit-il de sa voix grave et autoritaire.

Chacun reprend ses activités, comme si rien ne s'était passé. Quelques secondes plus tard, le regard d'Amin croise celui de Tony, et il acquiesce pour marquer son approbation.

Le lendemain, Tony est convoqué dans l'appartement privé de son patron.

– Tu as fait un excellent travail, hier soir, dit celui-ci en se frottant les mains de plaisir. Excellent! Tu es un membre de mon équipe loyal et très apprécié.

Assis derrière son bureau en marbre et en bois de rose, Amin se nettoie les gencives avec un cure-dents. Devant lui s'étalent les gains de la nuit passée. Amin aime compter ses liquidités. Il caresse ses billets comme s'il s'agissait d'un magnifique chat siamois. Les liasses sont épaisses et nombreuses.

«Il doit y avoir plusieurs milliers de dollars sur cette table», songe Tony. Il sait la proposition qu'Amin est sur le point de lui faire. Une fois auparavant déjà, il lui a demandé d'aller récupérer une dette pour lui, et Tony a poliment décliné l'offre. Amin voulait qu'il tabasse l'homme qui lui devait de l'argent, mais Tony considérait que cela dépassait largement le cadre de ses fonctions. A présent, les choses sont différentes. Cette fois, il a l'intention d'accepter le boulot. Mais sa motivation n'est pas de nature financière.

En quelques semaines à peine, Tony est devenu un homme très différent. L'élève de kung-fu extrêmement discipliné et maître de lui-même s'est métamorphosé en un jeune homme violent et amer, rempli de haine et d'agressivité. La seule chose qui lui apporte «un certain soulagement» est de donner libre cours à sa rage dans une bagarre. C'est une situation dangereuse et terrible.

Tony commence donc à récupérer les dettes dues à son patron. Il revient toujours avec l'argent et ne manque jamais de corriger ses «clients». Amin est enchanté.

Chapitre 18

La spirale infernale

Tony est devenu incontrôlable. Plus les semaines passent, plus il s'enfonce dans une spirale de violence et de haine. Lorsqu'il ne travaille pas, il traîne dans les bars de Limassol. Il ne cherche pas forcément à s'enivrer, puisqu'il consomme essentiellement du lait et du jus d'orange. De par son éducation, il a appris à ne pas toucher à l'alcool, car c'est contraire à la discipline du kung-fu.

La voie du kung-fu… Tony se surprend à songer au sens de ces mots. C'était tout. Oui, tout ce qu'il était, tout ce pour quoi il a vécu… Mais désormais, sans Aiya, rien n'a plus la moindre importance. Son existence lui paraît dépourvue de sens et de substance. Il consacre de moins en moins de temps à son entraînement et à la méditation, deux choses pourtant si essentielles pour lui jusque-là. La méditation exige le calme. Or, il n'y a plus la moindre parcelle de paix en lui. Son esprit est plongé dans une agitation permanente, et il est toujours à l'affût d'une bagarre. Il ne supporte plus d'être seul, mais ses amis l'ont abandonné depuis longtemps. Ils ont peur de lui.

* * *

– Tony, c'est moi, Maman.

Tony s'efforce de retrouver ses esprits en jetant un œil sur l'horloge murale. Il est 9 heures du matin. Quelques heures à peine se sont écoulées depuis qu'il est rentré et qu'il s'est affalé sur le canapé. Il s'est endormi tout habillé, et une cigarette tordue, à moitié consumée, est toujours coincée entre ses doigts. Il était en train de rêver. Le téléphone sonnait. Toujours le même cauchemar: le téléphone qui sonne pour annoncer la terrible nouvelle…

Mais l'appareil sonnait bel et bien, et il a fini par décrocher. La voix de sa mère lui parvient, froide et limpide.

– Tony, tu es là?

– Ouais, ouais, je suis là, articule-t-il, encore groggy.

– Tony, j'ai une grande nouvelle.

L'enthousiasme pour le moins inhabituel de sa mère rappelle à Tony un souvenir d'enfance précédant son départ pour la Chine. Son père était alors en bonne santé et il travaillait encore comme ingénieur en électronique. Ce jour-là, il a déboulé dans le salon en lançant des billets de banque en l'air, comme un fou. Il avait été payé en liquide par un client privé. Tony se souvient d'avoir vu sa mère courir vers son père pour l'embrasser. Ils ont dansé ensemble dans le salon, en tourbillonnant de plaisir, puis son père a soulevé sa mère à bout de bras jusqu'à ce qu'ils s'écroulent tous les deux dans un immense éclat de rire. A l'époque, Tony n'a pas compris ce qui se passait, et il a vite oublié ce moment, mais à présent, cela lui revient. C'est un des rares souvenirs heureux qu'il possède.

– Tony?

– Ouais. Une nouvelle… Quelle nouvelle? dit-il en balayant la cendre de cigarette de son pantalon.

– On a peut-être trouvé un traitement pour ton père. Des médecins suisses font des tests sur des gens qui souffrent de la même maladie que lui. Ils ont obtenu des résultats. Tony, son état empire. Il a vraiment besoin de ce traitement.

Tony fait des efforts considérables pour saisir les propos de sa mère. Il n'a pas l'habitude que ses parents l'appellent et il est encore sous le choc.

– Tony, il nous faut 30'000 livres…

– Pour le traitement? demande Tony.

– Oui et pour le séjour en Suisse.

Tony fulmine. De combien d'argent croit-elle donc qu'il dispose? Il leur donne déjà une bonne partie de son salaire. Pourtant, il pense à son père, et il sait qu'il doit les aider.

– Ne t'inquiète pas, Maman, je trouverai l'argent.

Plus tard, ce matin-là, Tony fait les cent pas dans son appartement. C'est une grosse somme. Il est bien payé, mais il n'a jamais rien mis de côté et il ne pourra pas rassembler un tel montant facilement. Amin pourrait l'aider, mais Tony est trop fier pour le lui demander. Il ne veut rien devoir à personne. Néanmoins, il existe peut-être un moyen… Une poussée d'adrénaline lui parcourt le corps. Oui, il sait ce qu'il a à faire!

La prochaine fois qu'Amin envoie Tony récupérer une dette, il extorque un peu plus d'argent à la victime et garde le surplus pour lui. Cela lui donne confiance. C'est si facile. Un peu plus tard, il se met à voler dans les chambres d'hôtel. Il choisit l'établissement le plus luxueux de la ville et entre avec assurance, en se faisant passer pour un client. La plupart des pensionnaires sortent pour dîner. Il est donc aisé de forcer leur porte et de dévaliser tranquillement leur chambre. Les gens emportent beaucoup de liquidités en vacances, et le butin est toujours appréciable.

Quelque temps plus tard, Tony organise la venue de ses parents à Chypre pour leur remettre l'argent dont ils ont besoin. Ils séjournent un moment dans son appartement et il leur fait visiter l'île. Mais ni eux ni lui n'étant habitués aux vacances en famille, Tony est soulagé lorsque le moment vient de les ramener à l'aéroport. Il ne peut s'empêcher d'éprouver de l'irritation et de la colère, bien qu'il s'efforce de ne pas le montrer. Ils ne lui ont pas demandé une seule fois comment il allait et n'ont même pas mentionné le nom d'Aiya. C'est comme si elle n'avait jamais existé.

Il les quitte à l'aéroport et reprend la direction de la ville en conduisant comme un fou. Tony roule beaucoup trop vite ces derniers temps, en particulier quand il est en moto. A plusieurs reprises, il a failli avoir un accident, mais il s'en moque. Il se dit parfois qu'il ferait mieux de diriger sa moto vers la rambarde de sécurité et de basculer dans le vide. La police le prend souvent en chasse, mais lorsqu'elle parvient à l'arrêter, il montre sa carte d'identité. Parce qu'il travaille pour un diplomate, il s'en sort alors avec une simple amende pour excès de vitesse.

Amin n'a pas besoin de lui ce soir-là, mais Tony n'a pas le courage de rentrer à l'appartement. Les lumières de Limassol s'étendent devant lui et il a besoin de compagnie.

Il s'assoit à une table de café et observe les passants. Limassol grouille de touristes et de Chypriotes qui se promènent dans la douceur du soir. Il s'efforce de ne pas trop penser. Finalement, Kevin, un des basketteurs, approche de sa table.

– Salut Tony, je me disais bien que c'était toi! dit-il sur un ton hésitant.

Tony se lève pour le saluer chaleureusement. Kevin est soulagé. On ne sait jamais quel accueil peut lui réserver son ami depuis le drame qui l'a affecté.

– Je t'en prie, assieds-toi! répond Tony en approchant une chaise.

Il est heureux d'avoir de la compagnie, mais il devine l'appréhension de Kevin.

– C'est vraiment chouette de te revoir. Je suis désolé, je sais que ça fait longtemps, poursuit-il en appelant le serveur pour passer la commande.

Quelques instants après, un groupe de jeunes Anglais débarquent sur la place, où ils érigent une grande croix en bois, à quelques mètres à peine de l'endroit où se trouvent Tony et Kevin.

– Oh non, des dingos de la Bible! s'exclame Kevin. Nous voilà bons pour un sermon!

Tony se contente de sourire en sirotant son café. Sous leurs yeux, un petit attroupement se forme, et les jeunes entonnent des chants en s'accompagnant à la guitare. Quelques touristes passent leur chemin en les huant et en les insultant.

– Il n'y a pas de raison de réagir comme ça! Ces gens ne font de mal à personne, dit Tony, fâché d'entendre une bande de jeunes Anglais chahuter pour couvrir les cantiques.

– Je suppose qu'ils ont l'habitude! fait Kevin en riant. Allez, viens, allons voir ailleurs! Les copains ont rendez-vous à *L'Afrikana*.

Kevin jette quelques pièces sur la table et se lève pour partir.

– Non, vas-y sans moi! dit finalement Tony.

Il n'a pas envie de passer la soirée en discothèque et, pour la première fois depuis très longtemps, il se sent détendu. Il réalise qu'il apprécie la scène. Il appelle le garçon et commande un autre café, puis se tourne à nouveau vers ces «dingos de la Bible».

Au bout d'un moment, le groupe dépose les guitares, et un des jeunes garçons s'adresse à la foule.

– Qui veut cette bouteille de vin? demande-t-il.

Il réitère sa demande plusieurs fois, attirant l'attention d'autres passants qui s'arrêtent pour écouter.

– Allez, venez, qui d'entre vous veut la prendre? C'est gratuit… Et ce n'est pas une arnaque, je vous assure!

Une vingtaine de personnes l'observent désormais avec curiosité. D'abord, aucune n'ose accepter son offre, puis une femme finit par s'avancer.

– Moi, je la prends! dit-elle en tendant la main.

Intriguée, la foule regarde le jeune homme lui remettre la bouteille. La femme hésite, puis se décide à l'emporter.

– Merci, dit-elle en rejoignant ses amis.

Le jeune homme continue à s'adresser à la foule. Il a réussi à capter l'attention des badauds. Il doit avoir à peu près le même âge que Tony. Il a les cheveux un peu longs et porte un tee-shirt et un bermuda. Il s'exprime avec un accent familier, et Tony pense qu'il est londonien. «Probablement un étudiant», se dit-il.

– Vous voyez, dit le jeune homme en désignant la femme qui tient désormais la bouteille entre ses mains, il n'y avait pas de piège. Comme je l'ai promis, c'était un cadeau, entièrement gratuit. Il suffisait de s'avancer pour le prendre.

La foule écoute, impatiente de voir où il veut en venir.

– C'est exactement pareil avec le don du salut offert par Jésus-Christ, poursuit le jeune Anglais. Jésus aime chaque individu sur cette terre et son salut est gratuit. Il nous suffit de l'accepter. Dieu ne nous impose rien. Nous sommes libres de nous avancer pour le recevoir, et nous sommes libres de le refuser.

«Dieu. Quel dieu?» Tony sourit d'un air narquois au souvenir de Jowmo qui s'agitait constamment pour satisfaire tous ses dieux. Puis, les paroles de son grand-père résonnent dans sa mémoire: «Il n'existe aucun dieu hormis le dieu intérieur.» Oui, voilà ce qu'il croit. A travers le kung-fu, il a appris à maîtriser le «chi», ce qui paraît lui conférer une sorte de pouvoir surnaturel. «Je n'ai besoin d'aucun dieu, songe Tony, je dirige moi-même ma vie. Et je suis fort parce que j'ai fait ce qu'il fallait pour ça.»

– Le salut est le plus grand cadeau jamais offert à l'homme… continue le prédicateur.

De quel salut parle-t-il? Tony se souvient alors de son professeur de religion, M. Sizer et, en effet, il se rappelle une leçon entièrement consacrée à cette question du salut. Tony ferme les yeux et revoit l'enseignant écrire le mot «pardon» en lettres majuscules sur le tableau noir. Ce jour-là, M. Sizer a parcouru la classe de long en large, tandis que trente paires d'yeux n'osaient se détacher de lui.

«Imaginez que vous puissiez effacer toutes les mauvaises actions commises dans votre vie. Imaginez qu'elles soient toutes oubliées et que vous puissiez redevenir complètement propres devant Dieu. Les chrétiens croient que c'est exactement ce qui se produit quand on donne son cœur à Jésus. Les chrétiens sont sauvés parce qu'ils croient en lui», leur a-t-il enseigné.

Un sentiment de tristesse envahit soudain Tony, mais, pour une fois, ce n'est pas le souvenir d'Aiya qui l'abat. Ce n'est pas non plus celui de M. Sizer ou de sa scolarité. Il songe aux choses terribles qu'il a commises au cours des dernières semaines, aux gens qu'il a blessés et à l'argent qu'il a volé. «Je ne crois pas pouvoir être propre un jour devant aucun dieu», se dit-il.

Rapidement, il écarte ces pensées. «Tout doux, mon vieux, ne te laisse pas apitoyer!» se raisonne-t-il. Les guitares jouent à nouveau. Tony avale une grande gorgée de café noir.

Chapitre 19

Les ennuis

– Je peux m'asseoir?

Tony lève les yeux de sa tasse de café et aperçoit le jeune prédicateur qui se tient devant lui. Il hésite, puis lui désigne une chaise.

– Bien sûr, dit-il en se demandant si c'est une bonne idée.

– J'ai remarqué que vous étiez assis là depuis le début. Que pensez-vous de ce que vous avez entendu?

Tony ne sait vraiment pas quoi répondre.

– Ouais, un beau petit spectacle! je dirais. Et un bon public, ajoute-t-il en souriant, étonné de sa propre réaction.

D'habitude, il a plutôt tendance à se montrer méfiant envers les inconnus.

– Moi c'est Martin! dit le jeune homme.

Tony est soulagé qu'il ne lui tende pas la main. Il déteste que les gens se montrent excessivement amicaux.

– Et moi c'est Tony.

Martin commande une limonade et discute avec Tony, pendant que ses amis remballent leurs guitares et s'entretiennent avec des passants.

– Nous sommes venus travailler avec une église locale pendant l'été, explique-t-il. Jusqu'ici, c'est vraiment super. Nous avons beaucoup chanté sur la plage et nous donnons ce genre de témoignage presque chaque soir. Chypre est un endroit magnifique, n'est-ce pas?

Tony l'écoute parler de son groupe et de la raison de leur présence. Etrangement, il reste détendu. Il apprécie de pouvoir bavarder simplement. Martin lui semble sympa, et il se laisse même aller à lui décrire brièvement son travail à Chypre.

– Waouh, ça a l'air cool! s'écrie Martin lorsqu'il apprend que Tony est garde du corps.

– Pas vraiment! rit Tony en n'écoutant plus qu'à moitié ce que lui dit le jeune Anglais.

Son esprit est ailleurs. «Moi aussi, je pensais que mon boulot était cool, pense-t-il tristement, mais aujourd'hui, je ne suis plus qu'une brute, un homme de main, un voyou.» Tony sait qu'Amin a fait de lui un sale type… mais avec son consentement. Il est bien loin, à présent, de l'idéal de la FIKF. Il aura de terribles ennuis si on découvre tout ce qu'il a fait. Il songe aussi à son grand-père. Combien il aurait honte de son comportement. Tony s'empresse de chasser ces réflexions et de tourner à nouveau son attention vers Martin. Leur groupe est en ville depuis quelques jours seulement, et Tony lui conseille des sites à visiter et de bons restaurants.

– Ah oui, j'ai entendu Michael Wright parler de certains de ces endroits, dit Martin, reconnaissant pour les tuyaux. Au fait, tu devrais passer chez nous pour faire sa connaissance! C'est un chouette gars. Il vient d'Irlande du Nord, mais il vit à Chypre aujourd'hui. Il travaille pour l'église qui nous a fait venir ici. Je suis sûr que tu t'entendrais bien avec lui.

Une des jeunes filles approche.

– Martin, on est prêts! Tu viens? demande-t-elle en souriant chaleureusement à Tony.

Le jeune Anglais se lève pour partir, puis se ravise.

– Hé, on n'a pas encore mangé. On va probablement emporter de quoi dîner à l'appartement. Pourquoi tu ne viendrais pas avec nous, Tony?

Tony est un peu pris au dépourvu. On ne lui adresse pas très souvent ce genre d'invitations. D'ordinaire, il se montrerait vraiment méfiant, mais Martin semble très ouvert et honnête. Il lui a parlé de son groupe et de leur but. Ils sont chrétiens et veulent partager leur foi avec tout le monde. Ils disent que c'est une bonne nouvelle et paraissent sincèrement désireux d'aider les gens. Pendant leur conversation, Martin ne lui a débité aucune bondieuserie stupide. Tony devrait peut-être y aller. Il n'a aucune envie de rentrer chez lui maintenant, et les boîtes de nuit ne l'attirent pas. «De toute façon, j'arriverai toujours à me tirer d'affaire si ça s'avère louche», se dit-il.

– Oui, pourquoi pas… répond-il avec un sourire maladroit.

* * *

L'appartement ressemble à la plupart des autres locations de vacances de Limassol. Il est minuscule et doit héberger au moins quinze jeunes. Serrés les uns contre les autres à même le sol, ils sont en train de savourer des pizzas. Martin leur a présenté Tony et ils l'ont chaleureusement accueilli, mais il est soulagé qu'ils ne lui tombent pas dessus pour lui poser tout un tas de questions.

«Ils ont quelque chose de particulier», se dit Tony après avoir observé un moment la joyeuse troupe. Pourtant, aucun d'eux ne peut deviner la profonde tristesse intérieure qui le mine. Et que penseraient-ils s'ils savaient vraiment qui il est et apprenaient les souffrances horribles qu'il a infligées à d'autres personnes? Ils seraient terrorisés...

Une fois encore, il entend prononcer le nom de ce Michael Wright.

– Oh, j'aimerais tant que Michael soit là pour que tu puisses faire sa connaissance! dit une des filles.

Elle a de grands yeux pétillants et arbore un large sourire.

– Il aime beaucoup rencontrer de nouvelles personnes, en particulier si elles habitent ici, à Chypre. Il aime vraiment cet endroit.

– Où est-il? demande Tony en s'efforçant de paraître intéressé.

– Hmh, je ne sais pas. Peut-être chez lui ou... non, il est probablement allé à Nicosie pour rendre visite aux prisonniers, répond la fille.

– Pourquoi ne viendrais-tu pas à l'église dimanche? propose Martin. Tu pourrais le rencontrer là-bas!

– Ouais, pourquoi pas, fait Tony sans grande conviction.

Il reste en leur compagnie jusqu'à tard dans la soirée et, sur le chemin du retour, il pense au groupe. Il a apprécié ces moments avec eux. Ces jeunes sont vraiment sympathiques et très drôles.

«Ai-je vraiment dit que j'allais les accompagner à l'église? se demande-t-il, amusé. A quoi est-ce que je pensais? Ce n'est qu'une troupe de fous de la Bible un peu zarbi…»

Pourtant, quelque part, au plus profond de lui, il se sent un peu mieux. Il ne s'est plus détendu ainsi depuis longtemps. Peut-être devrait-il chercher à les revoir…

* * *

Tony n'ira jamais dans cette église. Quelques jours plus tard, alors qu'il déambule dans la rue, une voiture de police s'arrête à sa hauteur. Deux policiers grecs surgissent du véhicule en présentant leur badge.

– Monte dans la voiture! ordonne l'un d'eux dans un anglais approximatif.

Tony hoche lentement la tête en glissant une main dans sa veste pour sortir son passeport diplomatique.

– Monte dans la voiture! Immédiatement! répète le policier, plus durement.

Tony l'injurie copieusement.

– Vous ne pouvez rien contre moi, dit-il en poursuivant son chemin.

Soudain, le second policier brandit une arme. Tony s'arrête et se met à rire en regardant le revolver. Il en connaît un rayon sur les armes.

– Qu'est-ce que tu vas faire? Me tuer avec cette antiquité? Ça m'étonnerait qu'il puisse encore tirer!

Les policiers s'avancent pour lui barrer la route. Tony sourit et regarde paresseusement sa montre. C'est son jour de congé. Il allait juste chez le coiffeur. Il n'a rien de précis à faire.

– O.k., fait-il avec un sourire narquois. Si ça vous amuse de perdre votre temps!

Il décide de monter dans le véhicule. Il ne risque rien, alors autant jouer le jeu. Il ira au poste de police, montrera son passeport diplomatique et ils le laisseront partir. Au moins, ils l'auront amené en ville.

L'officier en poste au commissariat ne parle pas un mot d'anglais. Lorsqu'il voit Tony pénétrer dans le bureau poussiéreux, il sourit comme un pêcheur qui vient de faire une énorme prise. Il se met à parler fort et rapidement en grec. Tony a quelques notions de la langue, mais les mots jaillissent de la bouche du brigadier comme un torrent, et il lui est impossible de suivre. Pourtant, vu la façon dont il ne cesse de marteler un grand registre noir, Tony comprend qu'il est accusé de plusieurs délits. Il garde son calme. «O.k. Laisse-le t'accuser, se dit-il. Après, ils te libéreront sous caution, et tu pourras arranger les choses. Même s'ils parviennent à te mettre quelque chose sur le dos, tu quitteras le pays pendant un moment et tu laisseras l'ambassade régler tout ça.»

Tony porte nonchalamment la main vers l'intérieur de sa veste pour sortir son passeport diplomatique, mais les policiers saisissent immédiatement ses bras pour l'immobiliser.

– Du calme, du calme! rit-il.

Ils pensaient manifestement qu'il allait brandir une arme. Le brigadier aboie un ordre, et les deux policiers entreprennent de fouiller Tony sans ménagement. Cette attitude l'irrite. Un des deux hommes trouve ses papiers d'identité et les remet à son supérieur.

– Ah! s'exclame celui-ci triomphalement en fourrant le passeport dans sa propre poche.

– Hé, attendez une minute! proteste Tony. Rendez-moi ça! Vous n'avez pas de charge contre moi. Rendez-moi ce passeport ou je…

Alors qu'il se penche par-dessus le comptoir pour agripper le brigadier, les autres policiers s'empressent de lui passer les menottes aux poignets.

Tony rit, presque incrédule. Il aurait facilement pu leur échapper. Il aurait pu leur donner à tous une bonne leçon avant de poursuivre son chemin, mais, d'une certaine façon, tout ce cinéma l'amuse. Il se laisse même emmener dans une cellule au sous-sol du commissariat. «Inutile d'en faire toute une histoire», songe-t-il. Il ne veut pas que son arrestation parvienne aux oreilles d'Amin. Ce serait embarrassant. Non, il préfère jouer le jeu encore un moment.

– O.k., o.k., dit-il alors que l'officier verrouille la porte de la cellule. Je ne vais pas faire un scandale. Passez-moi seulement un membre de l'ambassade britannique!

Tony sait qu'en raison de son identité, ils doivent contacter un représentant officiel de son pays. Ensuite, il faudra à peine une heure pour qu'il soit relâché.

Tony a tort. Les heures s'écoulent. La cellule est froide et humide. Il n'a rien mangé depuis le petit-déjeuner, et les gardiens lui ont confisqué ses cigarettes. Il sent la colère monter en lui.

– Hé, il y a quelqu'un?! appelle-t-il en anglais, puis en grec.

Silence.

Personne ne l'entend. Ou, plus exactement, personne ne l'écoute. Tony frappe les barreaux à coups de poing. Ce n'est pas ce qu'il avait prévu. Où est le type de l'ambassade? Il a étudié le droit criminel international dans le cadre de sa formation. Il sait qu'ils n'ont pas le droit de le garder comme ça, du moins pas sans lui permettre de passer un coup de fil ou de voir un avocat.

– Hé, bande d'idiots! hurle-t-il. Envoyez-moi quelqu'un immédiatement!

La rage désormais familière bouillonne en lui et il martèle les barreaux de la cellule jusqu'à ce que toute la pièce résonne d'échos métalliques.

Toujours aucune réponse.

Où sont-ils tous passés? Que peut-il bien faire? Il n'y a personne et aucun moyen de s'échapper. Tony est seul. Seul avec la terrible rage qui, telle une bête sauvage, se déchaîne en lui.

Chapitre 20

La torture

Tony est réveillé par des voix d'hommes. Il s'est endormi, recroquevillé dans un coin de la cellule. A travers les barreaux, il jette un œil sur la pendule accrochée au mur d'en face. Il est 22 heures. Il bondit sur ses pieds, encore furieux d'avoir été enfermé si longtemps.

– Ce n'est pas trop tôt! maugrée-t-il en voyant les cinq Grecs.

Ils ne portent pas d'uniforme, mais Tony sait que ce sont des policiers. Décidant de se maîtriser, il enfonce ses ongles rongés dans la paume de ses mains. Inutile d'aggraver encore davantage les choses.

Au lieu de le relâcher, les hommes lui passent à nouveau les menottes en lui attachant les mains derrière le dos. Ils l'emmènent à l'étage, dans une salle d'interrogatoire. Tony n'est pas surpris, car il s'attend à devoir répondre à quelques questions et signer divers documents, mais il pourrait le faire sans les menottes.

Le supérieur hiérarchique s'installe derrière le bureau et allume une cigarette. Assis devant lui, Tony regarde le tas de dossiers empilés sur la table. Chacun semble représenter un hôtel du coin. Il reconnaît quelques noms parmi ceux qu'il a cambriolés pour trouver l'argent destiné à son père, mais les autres lui sont inconnus.

– Monsieur Anthony, je suis un homme raisonnable, commence le policier en anglais avec un lourd accent. Nous sommes au courant pour les vols commis dans ces hôtels, et nous avons préparé cette confession pour vous. Il ne vous reste plus qu'à la signer.

Le policier fait glisser une feuille de papier et un stylo en direction de Tony. Tout est écrit en grec. «Pas question, songe Tony. Je ne signerai rien que je ne puisse comprendre.» Il prend soudain conscience d'être accusé de délits dont il ignore tout. D'accord, il a été arrêté, et il reconnaîtra ses torts. Mais il ne se laissera pas emprisonner pour quoi que ce soit d'autre. Il montre deux des dossiers en acquiesçant, et repousse la feuille de confession vers l'agent.

Immédiatement, celui-ci se met en colère. Il veut une confession complète. Tony fixe sur lui un regard incrédule alors qu'il vocifère dans un mélange de mauvais anglais et de grec et que des gouttes de sueur perlent sur son front. Tony secoue la tête. Il sait que l'homme essaie de le piéger. Il est plus sûr de garder le silence.

– Je ne dirai rien tant que je ne pourrai pas téléphoner, dit simplement Tony en s'efforçant de paraître raisonnable.

Le policier rit et murmure quelques mots en grec. Il souffle la fumée de sa cigarette dans le visage de Tony. Maintenant, Tony est furieux.

– J'exige de pouvoir parler à un représentant de mon ambassade!

L'agent attendait manifestement un signe quelconque de protestation. Tony voit le blanc de ses yeux au moment même où il le gifle violemment.

– Tu n'as rien à exiger de moi! crache l'homme.

La colère s'empare de Tony. Personne ne le traitera de cette façon. Il perçoit le goût du sang sur ses lèvres et sa fureur n'en est qu'exacerbée. Les menottes lui cisaillent les poignets, mais il parvient à se lever en donnant un grand coup de hanche. Il décoche un coup de pied en hauteur à l'officier de police, le propulsant à l'autre bout de la pièce. Immédiatement, les autres lui tombent dessus et l'assomment de coups de pied et de coups de poing. Tony s'écroule au sol et tente de se protéger contre cette pluie de coups…

A l'aube, il se réveille dans sa cellule, meurtri et couvert de bleus.

Une seconde journée s'écoule. On lui apporte à boire, mais il ne reçoit rien à manger. Il ne voit personne. A 22 heures exactement, le même groupe d'hommes réapparaît. Cette fois, ils lui enchaînent les bras et les jambes avant de l'emmener dans la salle d'interrogatoire. Tony refuse de parler et il est à nouveau brutalement battu.

Le même scénario se reproduit le soir suivant, ainsi que le lendemain. Les hommes sont plus nombreux à présent, et ils utilisent des matraques et d'autres armes pour le frapper et le torturer. Ils ne sont jamais en uniforme, et Tony comprend qu'ils n'agissent pas dans le cadre des activités officielles de la police. Ce sont des hommes méchants et corrompus, qui semblent prendre plaisir à «tabasser» leur prisonnier.

Après la cinquième nuit de torture, Tony craint de ne pas pouvoir en supporter davantage. Pendant la majeure partie de son enfance, il a été battu par son grand-père, mais c'était différent. Aujourd'hui, il est affaibli par le manque de nourriture et complètement démuni devant ces hommes violents et impitoyables.

«Il faut que je sorte d'ici avant de pourrir dans ce trou!» songe-t-il lorsque ses tortionnaires le jettent sans ménagement dans sa cellule. Il ne comprend pas pourquoi personne ne s'est encore inquiété de son sort. A ce stade, Amin a certainement dû remarquer son absence. Ou peut-être que personne ne sait où il se trouve!

Tôt le matin, Tony racle ses poignets contre les menottes jusqu'à s'entamer profondément la chair. Il est allongé par terre et saigne abondamment. Son sang bat contre ses tempes et il attend l'arrivée du policier du matin. C'est toujours le même. Il porte un uniforme d'aspirant et lui apporte de l'eau et du pain sec. Tony a déjà tenté de lui parler pour lui dire ce qui se passe toutes les nuits, mais le jeune policier dépose la nourriture en veillant à ne pas croiser son regard. Chaque matin, il se hâte comme un moineau effarouché. Ce jour-là, recroquevillé contre les barreaux, Tony ne tente même pas de parler. Il reste immobile. Le policier s'approche, puis murmure son dégoût en apercevant les bras ensanglantés du prisonnier. La frayeur se lit sur son visage. Il l'interpelle en grec pour tenter d'attirer son attention, craignant qu'il ne soit mort. Tony remue.

– Je t'ai dit qu'ils me battaient, dit-il faiblement. S'il te plaît, aide-moi!

Tony le supplie du regard dans l'espoir que sa ruse fonctionne.

Moins d'une heure plus tard, deux policiers en uniforme l'emmènent à l'hôpital. Son plan fonctionne. A l'hôpital, ils lui retirent ses menottes pour permettre au médecin de soigner ses blessures. Les épais bandages qui recouvrent ses poignets empêchent ses gardiens de le menotter à nouveau. Tony a presque pitié d'eux lorsqu'ils le ramènent à leur véhicule. Il sait qu'ils auront de terribles ennuis pour l'avoir laissé s'enfuir, mais à aucun prix il ne retournera dans cette misérable cellule. Par un rapide mouvement de kung-fu, il réussit à leur échapper. Les deux hommes sont pris au dépourvu. Tony se met à courir en zigzaguant dans la rue tandis qu'ils tentent maladroitement de dégainer leur arme.

– Arrêtez, arrêtez ou je tire! crie faiblement l'un d'eux.

Mais ils ne tirent pas, et Tony s'engouffre dans la ruelle la plus proche. Il court pour retrouver sa liberté. Il a réussi à s'échapper, mais désormais, il n'est plus qu'un fugitif.

Chapitre 21

Comme un animal traqué

Les sirènes de police hurlent bientôt à travers le quartier. Ce secteur de Limassol est plutôt calme et il y a peu de monde dans les rues. Tony sait qu'il sera facilement repéré et rattrapé. Il n'a pas le choix, il doit se cacher jusqu'à la nuit. Surtout, il doit trouver un endroit sûr pour s'asseoir et réfléchir, et établir un plan d'action.

Quelques mètres devant lui, il repère une échelle de secours. Il serre les dents à la douleur aiguë qui lui transperce les poignets et entreprend de grimper. L'échelle vibre et grince dangereusement, mais Tony finit par atteindre le toit plat du bâtiment. Il plisse les yeux pour soutenir l'éclat du soleil alors au plus haut de sa course. La sensation est agréable sur son visage. Il est resté trop longtemps dans ce sombre cachot. De son poste d'observation, il domine la ville et peut facilement localiser ses poursuivants. Les policiers sont déjà plus nombreux dans la rue. Ils le cherchent. Pour ne prendre aucun risque, il se cache derrière le petit mur qui borde le toit. Il sait que l'attente sera longue.

Tony se couche sur le dos et observe le ciel bleu azur. C'est le même ciel qui surplombe Canton, le temple Shaolin et la Montagne froide. Il songe à la tigresse blanche. Parcoure-t-elle encore les pentes du Hanshan Si? Sa vie a-t-elle changé? A-t-elle un compagnon, des petits peut-être, ou a-t-elle fini par tomber dans le piège d'un chasseur? Tony comprend qu'il ressemble en ce moment même à un animal traqué.

Lowsi lui a appris à ne craindre ni rien, ni personne. Il l'a emmené au bord des falaises les plus escarpées, sur les plus hautes montagnes, et l'a contraint d'y faire ses exercices de tai-chi les yeux bandés. Il l'a obligé à affronter les gangs de rue les plus violents de Chine, il l'a inscrit aux compétitions les plus rudes, dont l'issue aurait parfois pu être fatale, et bien pire encore. Et cet entraînement semble avoir porté ses fruits: Tony ne craint rien. Il croit pouvoir, par les arts martiaux, ses propres forces et son intelligence, se sortir de n'importe quelle situation. Il passe la main sur les bandages autour de ses avant-bras et sur les bleus qui couvrent son corps. La douleur ne le dérange pas vraiment. Il y est habitué. Il a grandi sous la canne de son grand-père. Son organisme semble pouvoir supporter presque n'importe quoi.

Dans ce cas, pourquoi tremble-t-il? Pourquoi se sent-il si seul? Tony éprouve une étrange sensation brûlante et piquante dans les yeux. Avant qu'il ne comprenne ce qui lui arrive, une larme roule sur sa joue, suivie d'une autre. Tony s'empresse de les essuyer. Il n'a plus pleuré depuis son arrivée en Chine à l'âge de 4 ans. Il n'a même pas pleuré quand Aiya a été tuée. Sa meilleure amie est morte, le seul amour de sa vie, mais il n'a eu aucune larme, juste de la colère et de l'amertume. Alors qu'il réfléchit ainsi sur sa vie, Tony ressent soudain un immense vide intérieur, comme si un gouffre béant s'ouvrait devant lui pour l'engloutir.

Il ne sait comment réagir. Jamais auparavant il ne s'est autorisé à éprouver de tels sentiments de solitude et de vulnérabilité. De quoi a-t-il peur? Il l'ignore. Rapidement, il sent à nouveau la colère monter en lui. «Elle vaut mieux que les larmes et ce sentiment de vide intérieur effrayant», se dit-il. La colère lui est familière et il sait quoi faire pour la «canaliser». En tapant sur un objet ou sur quelqu'un, il a l'impression de la contrôler, de l'apaiser. «Elle ressemble à un monstre, songe-t-il. Elle me dévore de l'intérieur. Plus je la nourris en me déchaînant, plus elle devient vorace.»

La tête entre les mains, Tony tente de maîtriser sa rage. En plongeant au plus profond de lui-même, il s'efforce de trouver la paix par la méditation, selon la méthode enseignée par Lowsi. Mais il ne trouve aucune paix dans son cœur, tout n'est que colère. Et, plus profondément encore, il découvre un sentiment nouveau, mais dangereusement familier désormais. C'est une chose qui l'a habité toute sa vie, mais qu'il n'a jamais laissée remonter à la surface et s'exprimer: une solitude désespérée et atrocement douloureuse.

Plusieurs heures plus tard, une fois la nuit tombée, Tony reprend le chemin de son appartement. Il ignore pourquoi, mais il éprouve le besoin impératif de parler à ses parents. Il ne sait pas ce qu'il va leur dire, mais il doit absolument arriver à les atteindre. S'il réussit à quitter Chypre et rentrer à Londres, peut-être sera-t-il en sécurité. Il presse fortement le combiné contre son oreille et retient son souffle en attendant la communication. Enfin, il perçoit la tonalité familière de la Grande-Bretagne.

– Allez, allez! murmure Tony. Où êtes-vous? Allez, Maman, réponds!

Il jette un œil sur la pendule. Il est encore tôt, à Londres. Ils ne peuvent pas être sortis.

– Allez, allez!

Peut-être sont-ils encore au lit? Mais Tony sait que ses parents ont toujours été des lève-tôt. Pourquoi ne répondent-ils pas au téléphone? Tony finit par raccrocher brutalement. La tête dans les mains, il s'effondre par terre. Il sait qu'il ne faudra pas longtemps à la police pour retrouver sa trace. Il devrait organiser sa fuite vers l'étranger, mais c'est comme s'il n'arrivait plus à penser. Son esprit est obsédé par une seule chose: parler à ses parents.

Quelques heures s'écoulent sans qu'il ne parvienne à les joindre. Il se prépare un sandwich qu'il ne mange pas. Finalement, il appelle la voisine de ses parents.

– Madame Downing, c'est Tony Anthony. Je m'excuse de vous déranger.

Il s'ensuit un silence durant lequel la femme tente manifestement de le situer.

– Ah oui, Tony, de Chypre! Comment allez-vous?

Tony ignore la question.

– J'essaie de joindre mes parents! dit-il. C'est une urgence, mais ils ne répondent pas au téléphone.

Nouveau silence à l'autre bout de la ligne.

– Madame Downing? s'enquiert Tony.

– Mais… Tony, ils ne sont plus là… ils sont partis.

– Partis? répète Tony, stupéfait. Que voulez-vous dire par «partis»?

– Ils ont déménagé il y a quelques jours. Nous pensions que vous étiez au courant. J'ai encore le double de leur clé. Ils ont laissé quelques affaires à vous dans l'appartement, mais à part ça, il est entièrement vide. Ils ont tout emporté.

– Où sont-ils partis? demande Tony de plus en plus nauséeux.

Peut-être se sont-ils rendus en Suisse pour le traitement de son père, mais dans ce cas, pourquoi ne l'ont-ils pas prévenu? Et pourquoi ont-ils quitté leur appartement de Londres?

– Je regrette, Tony, je…

– Ne vous ont-ils laissé aucune adresse? interrompt-il en s'efforçant de ne pas paraître désespéré.

– Non, ils n'ont même pas dit au revoir. Nous avons trouvé ça étrange, mais après tout, ils ont toujours été très réservés, n'est-ce pas? Un camion est venu, je pense que c'était lundi dernier, et ils sont partis.

Tony raccroche en avalant péniblement sa salive. Une sensation désagréable lui tord les entrailles. Un sentiment bouillonnant l'envahit, depuis le creux de son estomac jusqu'au bord de ses lèvres, et cherche à exploser. Les murs menacent de l'étouffer et il sent son cœur battre lourdement. Son sang afflue à grande vitesse dans chacune de ses veines et artères, comme s'il tentait désespérément de percer une brèche pour s'échapper.

– Reprends-toi! se dit-il. Reprends-toi!

Tony tambourine violemment contre le mur à trois reprises. Il a besoin de sentir quelque chose de tangible, quelque chose qui lui fasse mal, pour neutraliser la bête furieuse qui le dévore. Il songe à l'argent qu'il a volé pour ses parents. «Je ne serais pas dans cette situation si je n'avais pas cherché à les aider!» se dit-il avec colère. Pourtant, au plus profond de lui, il sait que ce n'est pas tout à fait vrai. La police le recherche pour vol, mais Tony sait qu'il a commis bien pire. S'il est jeté en prison pour le reste de sa vie, il l'aura mérité. Il sait qu'un jour, son passé finira par le rattraper.

Pendant les quelques heures qui suivent, Tony a la sensation de sombrer dans un océan de solitude. Ses parents viennent de l'abandonner une seconde fois. Son seul véritable amour, Aiya, est parti. Il déteste la vie, se déteste et déteste toutes les souffrances qu'il a infligées aux autres.

Découvrant un vieux paquet de cigarettes, il se met à les fumer, l'une après l'autre. Leur goût le rend malade, mais il avale avidement la fumée désirant qu'elle plonge sa misérable existence dans un épais brouillard.

Soudain, un coup bruyant ébranle la porte d'entrée.

Chapitre 22

L'horreur

Tony ne parvient pas à mettre de l'ordre dans ses pensées. Peut-être devrait-il se cacher. Il n'a pas allumé la lumière dans l'appartement et, de l'extérieur, rien ne trahit sa présence. Il pourrait même tenter de s'échapper. Il arriverait aisément à sortir par la fenêtre de la chambre et à se laisser glisser, sans bruit, jusque dans la rue, à l'arrière du bâtiment. Mais au lieu de cela, il se lève et se frotte la tête et le visage.

Un autre coup impatient retentit dans l'entrée. Sans réfléchir, il se dirige vers la porte et ouvre.

– Ne bougez pas! aboie une voix.

Tony comprend qu'il a le canon d'une arme pointée devant les yeux. Le policier vise la tête.

– Ne songez même pas à bouger!

Tony est habitué à réagir à ce genre de situations. Il distingue un léger tremblement dans la main du policier qui brandit le revolver. Il devine que l'homme est choqué et effrayé. Il ne s'attendait probablement pas à le trouver là et n'imaginait pas qu'il ouvrirait vraiment la porte. Il n'osera pas tirer. Oui, s'il le voulait, Tony pourrait encore, à ce stade, parvenir à s'échapper. Mais il est fatigué. Il est fatigué de fuir, fatigué de se battre, fatigué de lui-même.

Il reconnaît le policier. C'est le brave type qui a fait le nécessaire pour qu'on l'emmène à l'hôpital la veille. Lentement, Tony lève les deux mains.

– Ne vous inquiétez pas, dit-il. Je ne tenterai rien.

– Pourquoi vous êtes-vous enfui? demande le policier en le regardant droit dans les yeux avant de baisser lentement son arme.

– Je vous ai dit qu'ils me battaient, répond Tony épuisé.

– Vous savez que je dois vous ramener, n'est-ce pas? dit alors le gardien de la paix en sortant les menottes.

– Vous n'aurez pas besoin de ça. Je vous accompagne, mais s'il vous plaît, faites quelque chose pour arrêter les coups. Et aidez-moi à contacter quelqu'un de l'ambassade britannique, ajoute Tony, désespéré.

– Je vais voir ce que je peux faire.

Dans le fourgon de police, Tony ne prend pas la peine de planifier une évasion. Il est désormais incapable de réfléchir. Il est fatigué et ne se soucie plus de savoir ce qui va lui arriver.

Le premier soir, il est à nouveau laissé à la merci de ses tortionnaires. Il tente à peine de se défendre. Chaque coup et chaque gifle lui rappellent ses parents et la façon dont ils l'ont abandonné. Il songe aux mauvais traitements infligés par son grand-père et aux jeunes fous qui ont tué Aiya par ivrognerie. Tony a toujours nié les accusations de vol, mais il reconnaît finalement tout ce qu'on veut lui mettre sur le dos. Il ne fournit aucune précision et se contente de dire «oui» à la fois aux délits qu'il a commis et à ceux dont il ignore tout. Il ne désire qu'une chose: qu'on le laisse tranquille.

Le policier éponge son visage en sueur et se rassoit sur sa chaise avec un sourire triomphal. Il a obtenu la signature de Tony et il peut clôturer le dossier. Satisfait, il jubile de plaisir.

– Nous allons vous envoyer à l'ombre pour un bon bout de temps, Monsieur Anthony! lance-t-il avant de balancer un ultime coup de pied dans le corps meurtri et amorphe de son prisonnier.

* * *

Un vieux ventilateur brasse l'air vicié de la salle d'audience. Tony est seul et silencieux. Depuis sa confession, un employé de l'ambassade britannique est venu le voir et a engagé un avocat pour le défendre devant le juge. L'attitude supérieure du fonctionnaire a irrité Tony.

– Cela ne se présente pas très bien, a-t-il averti. N'espérez aucun traitement de faveur parce que vous avez un passeport britannique. En fait, en fonction du juge sur lequel vous tomberez, cela pourrait même vous porter préjudice.

– Pouvez-vous faire quelque chose pour moi? a demandé Tony, épuisé et frustré.

– J'ai bien peur qu'après avoir signé votre confession…

– Ouais, sous la torture… l'a interrompu Tony.

– Nous vivons une période très sensible sur le plan politique. Votre statut diplomatique ne compte donc pas pour beaucoup.

L'homme a paru se résigner au sort qui attend désormais Tony. Impuissant, il sait qu'il est à la merci du tribunal chypriote.

Il s'efforce de comprendre les propos échangés lors de son procès. Au moyen de quelques interventions très brèves, les deux avocats plaident en grec. Personne ne traduit. Pendant ce temps, le juge affiche un air de profond mépris et d'ennui. Finalement, il regarde sa montre et lève une grande main charnue pour obtenir le silence. Il en a assez entendu. Il est temps de prononcer le verdict.

«Trois années de réclusion.» Tony s'assied, la tête basse. Il est trop écœuré et trop fatigué pour s'en soucier. Une heure plus tard, il est en route pour la prison centrale de Nicosie. C'est la veille de Noël.

* * *

Tony reste debout en silence tandis que deux agents pénitentiaires procèdent à son enregistrement. Ils le photographient et prennent ses empreintes digitales, sans jamais cesser de bavarder, un mégot négligemment coincé entre les lèvres. Ils se comportent comme si Tony n'existait pas. Ils font ce boulot tous les jours et ne s'inquiètent pas de savoir qui il est, ce qu'il a fait ou ce qu'il va devoir affronter.

Enfin, l'un d'eux lui remet une couverture rêche et usée, ainsi qu'un morceau de savon, du papier-toilette et un rasoir. La couverture sent le moisi. Tony se demande à combien d'hommes elle a déjà appartenu et si elle a jamais été lavée. Un des gardiens fait signe à Tony de suivre l'autre. Il sent la colère monter en lui. Ils n'ont même pas la politesse de lui parler directement. Et pourtant, il a le pressentiment que ce qui l'attend sera bien pire encore. Il enfonce ses ongles dans la paume de ses mains en s'efforçant de maîtriser le feu qui le consume intérieurement.

La prison est un immense ensemble de bâtiments sinistres aux murs de pierre en piteux état, aux plafonds bas, transpercés çà et là par des rais de lumière. Par endroits, des filets d'eau s'écoulent d'anciennes canalisations et dégagent une odeur d'humidité et de moisi.

Ils descendent encore. La lumière naturelle se fait plus rare, tandis qu'une seule ampoule électrique projette une lueur fantomatique sur les parois du tunnel qui mène au cœur de la prison. Lorsqu'ils arrivent devant une série d'escaliers raides et étroits, la puanteur s'intensifie. Une odeur écœurante de pourriture emplit les poumons de Tony. La panique s'empare de lui.

Les escaliers débouchent sur un long corridor bordé de cellules. Tony cligne des yeux dans la lumière faible et artificielle et remarque une lourde porte en fer au bout du couloir. Des cris, des hurlements et des rires aigus résonnent à travers les murs de pierre et les barreaux en métal. Il se concentre sur son souffle et prend de longues et profondes respirations. «Reste calme. Ne perds pas tes moyens», se dit-il.

Les gardiens s'immobilisent et déverrouillent la porte d'une des plus grandes cellules. Ils montrent un lit dans une rangée de couchettes superposées et poussent Tony en avant.

Le cœur battant, il enregistre machinalement quelques détails de la cellule. Il a l'impression d'avoir été jeté en enfer. Tony presse une main contre son nez et sa bouche. L'endroit empeste l'urine et la sueur. Ses yeux tombent sur les sept couchettes superposées, fixées au sol par de lourdes chaînes. Son estomac se tord et propulse de la bile dans sa bouche. Des hommes gisent sur les lits comme des cadavres vivants. Certains sont recroquevillés contre le mur et se balancent doucement d'avant en arrière, en se tenant les côtes et en poussant des grognements ou en chantonnant une étrange mélodie. D'autres sont, d'une façon ou d'une autre, en train de se faire du mal ou de maltraiter leurs codétenus.

– Non! s'entend-il hurler. Non, pas ça!

D'une poigne d'acier, il envoie valser un des gardiens. La folie et la panique s'emparent de lui. Il doit sortir, il doit se frayer un chemin à coups de poing et de pied à travers l'horreur et la pourriture. Jamais il ne pourra rester ici. Jamais il ne pourra s'habituer à ce cauchemar. Il frappe tout ce qui se trouve sur son passage, personnes et objets, provoquant un soulèvement général. Les seaux d'excréments volent et les hommes sautent de leur paillasse. Certains se joignent au chaos en frappant Tony et leurs codétenus. D'autres hurlent en ajoutant à la frénésie et en essayant d'éviter les coups. Comme un animal sauvage, Tony tente de se faufiler hors de la cellule jusqu'à ce qu'un coup porté à l'arrière de son crâne le propulse au sol.

Pendant un instant, il a le souffle coupé. Sa tête heurte lourdement le sol en pierre, puis la pièce entière se met à danser autour de lui. Il veut se lever, mais des coups de matraque pleuvent sur lui. Des gardiens surgissent de nulle part et lui ligotent sans ménagement les bras derrière le dos à l'aide d'une épaisse ceinture de cuir.

Il reprend vaguement connaissance peu après, ébloui par l'éclat du soleil, alors que des agents pénitentiaires le traînent à moitié sur le pavé froid et sale. Il avale goulûment l'air frais. Tout son corps hurle de douleur, et il retombe bientôt dans l'inconscience.

Chapitre 23

Le tigre en cage

Tony se réveille dans la pénombre, le corps meurtri. La cellule est glaciale. Il perçoit des grattements et des frottements près de lui. Qu'est-ce donc? Il écarquille les yeux pour tenter de distinguer quelque chose. Une seule et unique chandelle projette avec peine sa pâle lueur à travers l'obscurité. La flamme vacille dangereusement dans le courant d'air qui s'infiltre par-dessous la porte en métal. Tony s'efforce de concentrer toute son attention sur la faible lumière, comme s'il risquait, en s'en détournant, de voir sa vie s'éteindre à tout jamais.

Durant ces premiers instants où il reprend conscience, la panique s'empare à nouveau de lui. Sans détacher ses yeux de la lumière, il tâte frénétiquement les murs de pierre. Du sable et une épaisse couche de poussière recouvrent l'étroite banquette en bois sur laquelle il est couché. Des ombres se déplacent au sol. Mais non, ce ne sont pas des ombres… Il reconnaît à présent la source de ces grattements et frottements: des cafards! Des centaines de cafards!

Tony serre les genoux contre sa poitrine et se fait aussi petit que possible. A ce mouvement, la douleur transperce tout son corps. Il passe précautionneusement la main sur ses membres pour repérer ses blessures. Rien de grave en apparence, aucune fracture, seulement d'importantes contusions et un terrible mal de tête, provoqué par les coups de matraque. Il frissonne. Le froid est pénétrant, mais il est pourtant couvert de sueur, comme s'il était dans un sauna.

La peur le saisit. Ce sentiment ne lui est pas familier. Soudain, il devient semblable à un tigre en cage, terrorisé et cherchant désespérément à s'échapper. Il essaye de se lever, mais le plafond du cachot est si bas qu'il s'y cogne la tête. A nouveau, une affreuse douleur parcourt son corps.

«Ressaisis-toi, maîtrise-toi! se répète-t-il en serrant les dents. Garde le contrôle!»

En pensée, Tony voit le visage de son grand-père. Il sait ce qu'il doit faire: entrer en méditation, dominer l'énergie intérieure, le «chi». Il respire profondément et ferme les yeux, mais les ténèbres l'enveloppent littéralement. En lui, il ne trouve aucune paix, seulement un abîme de terreur infâme et obscur.

* * *

Tony perd la notion du temps et oublie depuis quand il a été placé en cellule d'isolement, «au trou», comme ils disent. Les jours et les nuits se ressemblent dans cet endroit. Enfin, il est ramené dans l'aile principale.

– Alors, tu as survécu au trou?

Un jeune homme se tient dans l'embrasure de la porte de sa nouvelle cellule. La direction a décidé qu'il était plus sûr de lui attribuer une cellule individuelle. Ainsi, il ne cassera la figure à personne. La pièce est assez large pour que Tony puisse étendre ses deux bras sans toucher les murs. La couchette en bois est recouverte d'un matelas élimé. Un seau hygiénique en métal trône dans un coin. Tony ne s'attendait pas à recevoir de la visite. Il garde le silence.

– Ils disent que soit le trou te rend complètement dingue, soit il te brise, poursuit l'étranger. Mais si tu veux mon avis, ça ne fait aucune différence avec ici. Tu peux tout autant y devenir fou.

– Vraiment? dit Tony sans manifester beaucoup d'intérêt pour l'intrus.

– Moi c'est Andy, dit celui-ci en pénétrant dans la cellule pour lui tendre la main. Du Yorkshire. Je voyageais avec l'armée. J'ai pris deux ans pour fraude. Tu parles d'un idiot! rit-il.

Tony hésite avant de lui serrer la main.

– Tony, répond-il sur un ton grave.

– Je sais. On a beaucoup parlé de toi par ici. J'ai entendu dire que tu avais presque réussi à t'évader de ta première cellule à coups de poing. T'aurais fait pas mal de dégâts, à ce qu'on dit…

Tony ne relève pas la remarque.

– C'est une bonne chose de savoir se battre ici. C'est chacun pour soi. Tu ne vas pas tarder à t'en rendre compte.

Andy a à peu près le même âge que Tony. Il semble en bonne santé et beaucoup plus propre que la plupart des autres détenus.

– C'est chouette d'avoir un autre Anglais dans ce trou, poursuit-il en s'asseyant sur la couchette de Tony. Ici, on trouve surtout des Grecs, des Arabes et des Turcs. Il y a quelques Palestiniens et deux ou trois Israéliens. Ils les mettent dans des ailes séparées, évidemment, pour éviter qu'ils ne s'entretuent. Tu t'habitueras vite aux histoires de cette prison. Il y a toujours des bagarres.

Tony hoche lentement la tête. Tout cela n'a aucun intérêt à ses yeux. Il veut rester seul avec lui-même. Pourtant, il doit admettre qu'il est agréable de rencontrer un visage amical. Le bavardage d'Andy amène une étincelle de chaleur dans sa cellule glaciale.

– T'inquiète pas, mon pote! dit Andy en devinant la tristesse de Tony. Les premières semaines sont toujours les pires. Après, on s'habitue, quelque part. De toute façon, un gars comme toi s'en sortira.

Tony répond par une sorte de ricanement désabusé.

– Ils ne sont pas tous si mauvais, ajoute Andy en montrant les autres cellules.

Puis il rit.

– Du moins, si on oublie que ce sont tous des voleurs, des meurtriers, des escrocs, des terroristes… ils sont comme toi et moi, quoi.

Tony lui adresse un regard sceptique.

– Ce sont les dingues qu'il faut avoir à l'œil, continue Andy.

Sa remarque fait sourire Tony.

– Non, vieux, je ne plaisante pas. Je suppose qu'au pays, on les enfermerait dans un genre d'asile psychiatrique. Ce sont des fous criminels. Ici, on se contente de les mettre avec les autres. Et je peux te dire qu'il y a parmi eux de vrais dingues. Ils te découperaient en rondelles juste pour le plaisir. Regarde…

Andy relève la manche de sa tunique pour lui montrer des brûlures récentes. Il passe ses doigts sur les plaies.

– C'était la semaine dernière. Les gars l'appellent Alcaponey, un fou de premier ordre… une armoire à glace, un colosse… et aussi laid qu'un pou! Tu ne tarderas pas à le repérer. Il m'a bloqué dans un coin et m'a brûlé avec sa cigarette. Je ne pouvais rien faire, mec. D'ailleurs, ça aurait pu être bien pire. On raconte de ces histoires…

La voix d'Andy devient inaudible et son esprit semble se perdre dans les méandres d'un lieu sombre et terrifiant.

– Merci pour l'avertissement, vieux, dit Tony en s'efforçant à présent de paraître un peu plus amical.

Il comprend peu à peu qu'après tout, il sera peut-être utile d'avoir quelques amis dans cet endroit. Au moins, il pourra tuer le temps en bavardant et Andy lui paraît être un type bien.

– Alors, dis-moi, quand est-ce qu'on peut prendre une douche, ici? demande Tony

Andy lui jette un œil méfiant.

– Eh ben, tu peux aller aux douches quand tu veux, mais jamais seul, crois-moi! C'est un endroit dangereux. Beaucoup de fous vont y traîner.

– Et les gardiens?

– Ils s'en approchent seulement pour évacuer un pauvre type qui a été battu par les autres. Mais sinon, ils ferment les yeux sur ce qui passe à l'intérieur de ces murs. D'ailleurs, certains des agents sont aussi dérangés que les fous, constate Andy avec amertume. Avec quelques autres, on va justement descendre aux sanitaires, tout à l'heure. Si tu veux, je te préviendrai. Mais ne t'attends pas au grand luxe, ni à trouver de l'eau chaude. Parfois, il n'y a même pas d'eau du tout. La flotte passe par des tuyaux complètement rouillés. T'auras parfois l'impression que certains d'entre nous ont pris un coup de soleil, mais non, c'est cette saleté d'eau brunâtre dans laquelle nous nous lavons! explique-t-il en riant.

Tony n'est pas surpris. Il a entendu dire que la prison centrale de Nicosie était une des pires au monde. C'est un trou, un véritable taudis, dans lequel on laisse croupir les prisonniers. Et beaucoup n'en reviennent pas. En plus de cela, de nombreux gardiens sont corrompus et ils n'interviennent jamais pour mettre un terme aux bagarres et aux abus entre prisonniers. Lorsqu'un type est gravement tabassé, ils se contentent de «ramasser les morceaux» et d'emmener le pauvre gars à l'infirmerie ou, dans certains cas, directement à la morgue.

Tony constate rapidement qu'il n'y a pratiquement aucune organisation, si ce n'est que les prisonniers reçoivent trois repas quotidiens et qu'ils peuvent généralement sortir dans la cour pour vingt minutes d'exercice par jour. Il attend impatiemment ce moment. Il n'y a rien à voir, juste de la caillasse et du béton, mais au moins, il peut admirer le ciel bleu et respirer un peu d'air frais. Même quand la météo est peu clémente, il fait plus chaud à l'extérieur qu'à l'intérieur des murs en pierre de la prison. Le froid est une torture naturelle dans ce milieu carcéral.

Jour après jour, Tony se réveille en frissonnant et en soufflant des bouffées de vapeur dans l'air glacial de sa cellule. Les prisonniers portent seulement des tongs et leurs pieds sont constamment engourdis tant la température est basse. Ils brûlent tout ce qu'ils peuvent trouver et s'agglutinent autour de petits feux en soirée. Ce n'est pas grand-chose, mais c'est si précieux pour eux. D'une certaine façon, pourtant, ces moments autour du feu rendent les choses encore plus pénibles lorsqu'ils doivent retourner dans leur cellule et lutter seuls toute la nuit contre le froid mordant. Tony dort toujours les bras serrés autour de la tête et des oreilles pour tenter d'étouffer les pleurs et les cris hystériques qui proviennent des autres cellules. Certaines nuits particulièrement glaciales, même les hommes les plus rudes peuvent éclater en sanglots, comme des bébés.

Le jour, ils circulent librement, mais les occupations sont rares. Ils vivent dans les ordures et la saleté. Pas étonnant que beaucoup d'entre eux se transforment en cadavres vivants. Une grande majorité consomme de la drogue, et tous fument cigarette sur cigarette. Cela n'a rien de surprenant. Pour le petit-déjeuner, on leur sert parfois du porridge froid et grumeleux, préparé avec de l'eau. Sinon, tous les repas sont identiques. La nourriture est répugnante, mais Tony est décidé à manger pour rester en forme.

– Ils ne serviraient même pas ça aux cochons chez nous! s'exclame-t-il.

Avec Andy et quelques autres, ils sont occupés à ôter la moisissure qui recouvre leurs morceaux de pain sec.

– Je vois que c'est à nouveau la saison des tomates! constate Shane, un jeune Sri lankais.

Les autres rient de bon cœur. On leur sert des tomates pourries à chaque repas.

– Vous savez, si je ferme les yeux, je peux m'imaginer que ces œufs pourris sont en fait de succulents œufs brouillés au beurre et à la crème fraîche! dit Mohammed.

Ses compagnons ricanent.

– Ouais, et moi, je savoure du saumon fumé, dit Andy. Messieurs, levons nos coupes de champagne à… des jours meilleurs!

– A des jours meilleurs! répondent les hommes en chœur en levant leur minuscule tasse avant de gober le liquide noirâtre et infect appelé «café».

– J'ai peut-être ce qu'il vous faut, les mecs, mais soyez discrets!

C'est Stavros, un Grec qui aime traîner parmi les anglophones. Il est condamné à perpétuité. Personne ne sait exactement pourquoi. Il a déjà purgé dix ans. Il fouine partout comme un furet, et c'est un homme utile à connaître. Stavros a des contacts avec l'extérieur et il parvient à se procurer des tas de trucs. Tony le soupçonne d'être un des principaux fournisseurs de drogue au sein de la prison, mais il peut parfois aussi dénicher du papier, des livres et des magazines.

– Qu'est-ce que tu as? murmure Andy avec impatience, alors que les détenus se rapprochent, la tête baissée.

– Du steak, chuchote-t-il, ses yeux brillant d'excitation.

Après avoir vérifié que personne d'autre ne les observe, il fouille dans la ceinture de son pantalon et en sort un petit paquet enveloppé d'un tissu tout râpé.

– Waouh! s'écrie Andy.

Shane pousse un sifflement d'admiration discret.

– Comment t'as pu faire ça? demande-t-il alors que Stavros commence à ôter une couche de tissu après l'autre.

– C'est le cuistot qui me l'a refilé, dit-il avec un clin d'œil, mais ça m'a coûté une semaine de corvées, vieux!

Immédiatement, les autres plongent la main dans leur poche et lui donnent chacun deux cigarettes. Il sourit d'aise.

– Maintenant, regardez-moi ce bijou! annonce-t-il en retirant la dernière couche de tissu de ses doigts tremblants, pour dévoiler un minuscule morceau de viande cuite et desséchée.

Il le découpe avidement en morceaux égaux. Chacun des cinq hommes en reçoit à peine une bouchée.

Tony fourre le bout de viande dans sa bouche. Il le mastique et le suçote, en veillant à ne pas l'avaler trop vite. Il est plutôt caoutchouteux et n'a pas vraiment de goût, hormis le fait qu'il est salé, mais des plaisirs comme celui-ci sont très rares. Les hommes s'assoient en silence pour déguster leur festin et le savourer jusqu'au bout.

* * *

Les semaines passent avec une lenteur extrême, et l'hiver fait place à l'été. Si le froid hivernal est douloureux, la chaleur estivale de Chypre est plus pénible encore. Le pénitencier, construit en béton, ressemble à une fournaise, et les esprits s'échauffent plus rapidement qu'à l'accoutumée. Les bagarres sont plus fréquentes et il n'est pas rare qu'un prisonnier soit battu à mort pour une simple cigarette.

Tony n'a aucun contact avec l'extérieur. «Personne ne se soucie de moi, de toute façon», songe-t-il avec amertume en voyant chaque jour d'autres détenus lire avec attention les lettres de leurs proches. Il n'a jamais reçu la moindre nouvelle de ses parents, et il ignore encore pourquoi ils ont disparu de la circulation. Il n'a plus de contact avec Lowsi depuis qu'il est devenu l'homme de main d'Amin. Tony éprouve un profond dégoût de lui-même en songeant combien, par ce travail, il a déshonoré son grand-père et la voie du kung-fu.

Dès qu'il peut dénicher un bout de papier et de l'encre, Tony passe des heures à dessiner. Cette activité lui rappelle la petite maison de Canton, où, enfant, il a appris à peindre et à dessiner de jolies lettres, selon la tradition calligraphique chinoise. Mais il garde peu d'autres souvenirs agréables de cette époque. «La maison de Lowsi était autant une prison que cet endroit», se dit-il amèrement. En fermant les yeux, il se souvient clairement de la souffrance éprouvée au début de son entraînement. *Vlan*! Tony tressaille au souvenir des coups de canne que son grand-père lui assénait sur les oreilles.

Tony presse son pinceau sur le papier, traçant ainsi d'épaisses traînées noires. Toute sa vie, il a ressemblé à un animal en cage. Il n'a jamais été libre. Seule Aiya, sa bien-aimée, s'est vraiment souciée de lui. Elle est la seule personne qui se soit réellement approchée de ce trou béant de solitude à l'intérieur de lui. Pourquoi a-t-il fallu qu'elle meure? Ce n'est pas juste! Tony déchire le papier sur lequel il travaillait. Il en fait une boule qu'il jette rageusement par terre.

– Hé, qu'est-ce qui ne va pas aujourd'hui?

C'est Andy. Tony n'est pas d'humeur à bavarder.

– T'as la nostalgie du pays, pas vrai? On a tous nos jours de cafard ici.

Tony reste assis, les yeux rivés au sol et les ongles enfoncés dans la paume de ses mains, alors qu'il s'efforce de contenir la colère qui bouillonne en lui. Il ne veut pas s'en prendre à Andy. Il ne lui veut aucun mal. Il ne mérite pas d'être son souffre-douleur.

– Je sais ce que c'est, vieux! Parfois, on a simplement besoin de quelqu'un à qui parler, dit Andy en s'asseyant à côté de lui.

Tony ricane sans lever les yeux.

– Il y a ce type qui me rend visite. Il s'appelle Michael Wright…

Soudain, Tony semble intéressé. Michael Wright? Michael Wright? Ce nom lui paraît familier…

– Je connais ce nom, dit-il en se tournant vers Andy, mais d'où?

– J'sais pas, vieux… C'est un genre de prédicateur de Belfast… un «missionnaire», comme il dit. Il vit à Chypre. Il fait dans les bonnes œuvres, tu vois ce que je veux dire, mais bon… il me rend visite chaque semaine…

Bien sûr! Tony se souvient de cette soirée, peu avant son arrestation, et de sa rencontre avec l'étudiant anglais sur cette place de Limassol. Il a accompagné le groupe à l'appartement de Martin, et il a rencontré d'autres membres de l'église. Ils lui ont tous parlé de ce Michael Wright. Ouais… Michael Wright, le missionnaire irlandais. Ce doit être le même type.

– Et alors? dit Tony, satisfait d'avoir fait le lien, mais plus du tout intéressé.

– Eh bien, j'espère que tu ne vas pas te mettre en rogne, mais je lui ai parlé de toi l'autre jour…

Tony ne dit rien.

– …et il aimerait beaucoup te rencontrer, propose Andy avec hésitation.

– Qu'est-ce que tu veux que je f… avec un prédicateur?! lance Tony sur un ton sec.

– O.k., o.k., c'était juste une idée, répond Andy, quelque peu nerveusement. Tu sais, mec, c'est toi qui décides… mais t'es dans la même situation que moi. T'as jamais de visite, et parfois, cet endroit peut vraiment te rendre dingue. Le fait de voir Michael ne te fera vraiment pas de mal. Tu te contentes de le laisser bavarder de tout et de rien, et au moins, t'as droit à un Coca.

Voilà qui éveille à nouveau l'intérêt de Tony.

– Du Coca-Cola, tu veux dire?

–Ouais, rit Andy en se détendant. Il y a une cafétéria dans la salle des visites. Ils permettent aux visiteurs d'offrir à boire aux détenus.

Tony peut presque sentir le liquide rafraîchissant lui piquer délicieusement les papilles. Il y a si longtemps… C'est terriblement tentant. Il passe une main crasseuse sur son front en sueur. Bien des hommes, dans sa situation, feraient n'importe quoi pour avoir un contact avec l'extérieur. Mais Tony est trop orgueilleux. Il n'a pas besoin de prédicateur. Il n'a besoin de personne. Et pourquoi ce type s'intéresserait-il à lui, d'abord? Il fait non de la tête, se lève et se dirige vers sa cellule, à nouveau submergé par la colère.

Chapitre 24

La lettre

Quelques jours plus tard, lorsque Tony se réveille, il aperçoit une enveloppe que l'on vient juste de glisser sous sa porte. Il la regarde fixement un instant. Voilà quatre mois qu'il est en prison, et jamais il n'a reçu le moindre courrier. Son cœur tressaille. Se pourrait-il que ses parents lui aient écrit? Il saute hors de son lit, saisit l'enveloppe et en ôte la poussière. Mais immédiatement sa gorge se serre. L'écriture n'est pas celle de sa mère et le timbre est chypriote. Elle a été postée dans le coin. Sa curiosité prend malgré tout le dessus et il déchire l'enveloppe, impatient d'en connaître l'expéditeur. Il parcourt la feuille rapidement. La lettre est signée «Michael Wright». Tony prend une profonde respiration et relit à nouveau le texte en s'attardant longuement sur chaque mot, comme s'ils étaient pour lui une véritable bouffée d'oxygène.

Il ne sait pas vraiment quoi en penser. Il y a toujours tant de colère en lui. Pourquoi ce prédicateur lui écrit-il? Que veut-Il de lui? Pourquoi cherche-t-il à s'ingérer dans sa vie? Les réponses sont là, noir sur blanc. La lettre de Michael est amicale. Il explique que sa femme et lui sont venus de Belfast pour travailler avec une église de Limassol. Ils ont entendu parler de Tony dans les journaux locaux et s'inquiètent pour lui. «Nous savons que vous êtes très loin de chez vous, dit-il, et nous espérons pouvoir vous rendre visite.»

«Pourquoi? se demande Tony. Pourquoi un homme comme toi voudrait-il rendre visite à un homme comme moi?»

«J'aimerais simplement vous rencontrer à cause de l'amour de Jésus», lit-il ensuite.

A ces mots, Tony sent monter en lui le besoin irrépressible de rire malgré sa colère et son irritation. «Quels propos étranges!» songe-t-il. Cependant, il ne peut s'empêcher de relire cette phrase encore et encore, comme s'il ne parvenait pas à y croire.

Il poursuit sa lecture et en apprend un peu plus sur ce Michael Wright. Puis, il observe la signature. A côté, Michael a dessiné un petit smiley. Tony secoue la tête, incrédule, et sent à nouveau la colère l'envahir. Un smiley? Comment cet homme, cet étranger, ose-t-il lui dessiner un visage souriant et heureux?!

– Je suis *en prison*, dit Tony à voix haute, les dents serrées. De quoi puis-je bien me réjouir?!

Il chiffonne la lettre et la jette dans un coin. Furieux, il se met à arpenter sa cellule de long en large, comme un tigre en cage, tandis que les mots du prédicateur résonnent dans sa tête.

Tony se montre irritable toute la journée. Il fait terriblement chaud et, lorsqu'une bagarre éclate entre des Arabes et des Israéliens, Tony se précipite dans la mêlée. Il se moque du motif du conflit. Il veut juste se défouler et trouver un exutoire à sa colère.

Peu lui importe l'identité des détenus qu'il frappe. L'adrénaline parcourt son corps et il donne libre cours à sa rage en fracassant tout sur son passage. La bagarre devient vite incontrôlable et implique bientôt l'ensemble des prisonniers. Ils sont équipés de toutes sortes d'armes sorties d'on ne sait où. Il y a des couteaux, des matraques, des lames de rasoir et des bâtons. Les gardiens tirent en l'air pour tenter de ramener le calme, mais les détenus ne semblent pas y prêter attention. Ils ont si peu à perdre. Beaucoup se moquent de recevoir une balle. Au moins, la bagarre leur procure une occupation, un moyen de lutter contre l'ennui mortel qui les ronge.

Les gardiens se décident à appeler du renfort et l'armée arrive sur les lieux. Les militaires mettent leurs mitrailleuses en action et aboient des ordres dans les haut-parleurs. Finalement, tous les prisonniers sont rassemblés et contraints à terminer la journée enfermés dans leur cellule.

Plus tard, assis sur sa couchette, Tony masse son poing douloureux en se remémorant la bagarre. Quel plaisir il a pris à laisser libre cours à sa rage, une fois de plus. Pourtant, lorsque l'excitation retombe, il se souvient des visages qu'il a fracassés et cette pensée le fait grimacer de dégoût. Il est écœuré par lui-même.

Du coin de l'œil, Tony aperçoit la lettre de Michael. La boulette de papier traîne toujours dans un coin de la cellule. Il la fixe pendant quelques instants, puis se lève pour la ramasser. Après avoir quelque peu défroissé le papier, il relit le texte, encore et encore. Il le lit tant de fois qu'il en connaît quasiment chaque mot par cœur.

Que risque-t-il à rencontrer ce prédicateur? Andy a peut-être raison. Il a peut-être besoin de parler à quelqu'un de l'extérieur... Une nouvelle fois, Tony ôte la poussière qui macule la lettre. Il est dégoûté par la poussière, dégoûté par la saleté. Une demi-heure hors de ce trou lui ferait peut-être du bien. La seule perspective d'un Coca est extrêmement tentante. Il a aussi entendu dire qu'on pouvait obtenir des barres de chocolat. Que ne ferait-il pas pour un Mars! Il devrait peut-être accepter la visite de ce Michael Wright... «Après tout, se dit-il, s'il fait quoi que ce soit de louche, je pourrai toujours lui défoncer la tête.»

Tony masse encore son poing endolori, puis se couche et s'endort.

Chapitre 25

Les visites de l'étranger

Le jeudi suivant, Tony est conduit dans la salle des visites. La pièce respire la même odeur de moisi et de pourriture que dans le reste du pénitencier, mais l'air y est malgré tout plus frais. Le soleil pénètre à flots par les vitres et ses rayons dansent malicieusement sur les murs blanchis à la chaux lorsqu'ils se reflètent sur la montre ou les clés d'un gardien. Au plafond, un genre de ventilateur à l'allure antique souffle un petit vent bienvenu dans cette chaleur étouffante. Pour un visiteur, le lieu est intimidant et hideux, mais pour un détenu qui émerge des entrailles de la prison, il ressemble à un petit coin de ciel bleu.

Tony repère immédiatement la minuscule cafétéria dans un coin de la salle. Depuis quelques jours, il a mal à la gorge à cause de la poussière et de la chaleur. Il tourne sa langue desséchée dans sa bouche et jette un œil vers les autres prisonniers et leurs visiteurs.

Les détenus s'assoient à une longue table en bois, assez étroite, et les visiteurs prennent place en face. De nombreux hommes tiennent la main de leur femme, de leur petite amie, de leur mère ou d'un enfant. La pièce est bruyante tant les conversations sont animées. Des femmes pleurent et des enfants s'agitent sous l'effet de la chaleur.

Tony fixe la place toujours vide devant lui. Où est ce Michael? Il est surpris d'éprouver une certaine nervosité à la pensée d'avoir de la visite. Il y a si longtemps qu'il n'a plus parlé à quelqu'un de l'extérieur. Soudain, il prend conscience de son allure. Il est difficile de se raser convenablement avec les lames émoussées mises à leur disposition, et il sait qu'il aurait grandement besoin de passer chez le coiffeur. Il se sent stupide. Quelle mouche l'a piqué de demander à rencontrer un parfait inconnu? Que lui dira-t-il? Qu'attend-il de lui, ce type? Tony mâchouille nerveusement le pourtour de ses ongles rongés. Il jette à nouveau un œil sur le distributeur de boissons. Non, c'est insensé. L'attente renforce son malaise et il est sur le point d'informer un des agents pénitentiaires qu'il aimerait s'en aller, quand la porte s'ouvre.

Un grand homme barbu est introduit dans la pièce. Le gardien le conduit vers Tony et lui ordonne de s'asseoir en face de lui. L'étranger arbore un sourire radieux. Il porte un pantalon en nylon et un tee-shirt à motif, froissé et aux manches un peu trop courtes. «Quel abruti! songe Tony. On dirait le Père Noël en vacances!»

– Tony, quel plaisir de te rencontrer! J'ai tellement entendu parler de toi, dit Michael avec un accent irlandais très prononcé, en lui tendant une grande main bronzée. Merci d'avoir accepté que je te rende visite!

Tony est méfiant. De quoi a-t-il entendu parler au juste? Qu'est-ce que ce type croit savoir de lui?

Il tend la main, sans toutefois lui rendre son regard. Avec beaucoup de chaleur, Michael serre la main de Tony dans les siennes. Tony n'aime pas cela. Il ne veut pas paraître impoli, mais ce Michael lui inspire la plus grande méfiance. Dès son plus jeune âge, il a appris à ne faire confiance à personne. Durant l'année écoulée, la colère n'a fait que renforcer cette méfiance, et la vie carcérale le rend plus paranoïaque et plus soupçonneux encore. Pourquoi Michael se montre-t-il si amical? Pourquoi a-t-il fait le déplacement de Limassol à Nicosie, un trajet de deux heures, juste pour le voir?

Michael perçoit l'angoisse dans le regard de Tony.

– Tony, je suis venu pour devenir ton ami, explique-t-il toujours avec le même sourire. Il parle avec une grande douceur, en chuchotant presque. Tu sais qui je suis, mais je ne suis pas venu pour te faire des sermons. J'aimerais juste qu'on puisse lier amitié…

Tony lui jette un regard méprisant. «Ouais, tu parles!» pense-t-il en gardant malgré tout le silence.

– Je tiens à ce que tu saches qu'il y a des gens, au dehors, qui se soucient vraiment de toi, poursuit Michael. Notre église prie pour toi et nous aimerions te soutenir du mieux que nous le pouvons.

Des pleurs et des lamentations éclatent soudain. Un jeune détenu grec prend congé de ses parents. La mère et le père pleurent et les gardiens doivent mettre fin à l'étreinte familiale pour, d'un geste ferme, renvoyer le prisonnier dans sa cellule. Tony songe à ses parents. Jamais ils ne lui rendraient visite dans un endroit pareil. Ils ne savent sans doute même pas où il se trouve. Ils ont pris son butin avant de l'abandonner. La colère commence à monter en lui.

Il jette un coup d'œil vers Michael. Qui est ce type en fait? Des pensées contradictoires agitent son esprit. Il aimerait laisser sortir sa rage. Il serait facile de saisir le prédicateur par la gorge et de lui donner une bonne leçon pour avoir cherché à s'immiscer dans sa vie. Mais au lieu de cela, Tony prend une profonde respiration et s'efforce de retrouver le calme. Il ne serait pas juste de s'en prendre à Michael. Après tout, même s'il lui est totalement étranger, il a pris la peine de venir lui rendre visite. Tony ne comprend pas pourquoi, mais cet homme semble sincèrement se soucier de lui.

Tandis que la bataille fait rage dans son cœur, Michael s'est mis à bavarder. Au début, Tony ne prête pas vraiment attention à ce qu'il dit. Il s'applique plutôt à contenir sa colère et sa confusion. Peu à peu, il parvient cependant à se concentrer sur la conversation. Sans prendre la peine de répondre, il écoute le prédicateur lui parler de sa vie et de sa famille. Peu de temps après, une sonnerie stridente retentit: c'est la fin des visites. Michael se lève lentement, arborant toujours un large sourire.

– Encore merci de m'avoir permis de te rendre visite! Tony, dit-il en lui tendant à nouveau la main. Si tu es d'accord, j'aimerais revenir. Jeudi prochain peut-être?

Tony ne sait quoi répondre. Il se contente d'acquiescer vaguement, en prenant toujours soin d'éviter le regard de son interlocuteur.

– Que Dieu te bénisse, Tony. Je me réjouis de te revoir!

Sur ces mots, Michael s'en va.

«Idiot!» lance Tony tout bas. Il regarde le prédicateur quitter la pièce en franchissant les portiques de sécurité. Que cherche-t-il au juste? Tony secoue la tête, comme s'il avait du mal à croire que cette étrange rencontre a bien eu lieu. Il termine la dernière goutte de son Coca-Cola et savoure la délicieuse sensation de fraîcheur qui subsiste quelques instants dans sa bouche. Cette visite valait peut-être le coup, après tout…

Alors que les gardiens le reconduisent dans l'intérieur de la prison, Tony réalise qu'il sourit. Il ne sait pas pourquoi. C'est peut-être le Coca… Pourtant, alors qu'il retrouve l'odeur pestilentielle des caveaux qui leur servent de cellules, un sentiment de répulsion mêlé de haine l'enveloppe à nouveau tout entier. Il revoit le sourire béat de Michael et l'imagine au volant de sa voiture en train de rentrer chez lui, de retourner à sa petite vie parfaite. Il a l'impression que les murs de la prison le narguent. Ils l'aspirent toujours plus profondément dans l'abîme du désespoir. Tony crache par terre et frappe la paroi de colère.

Chapitre 26

Une fenêtre sur l'extérieur

La semaine suivante, Michael arrive de bonne heure et son visage s'éclaire lorsqu'il voit Tony quitter l'obscurité du pénitencier pour pénétrer dans la lumière de la salle des visites. Michael est déjà en train de boire un Coca. Il fait glisser une seconde cannette bien fraîche vers Tony lorsque celui-ci s'assoit en face de lui. Tony la prend avec reconnaissance et savoure chaque gorgée du précieux nectar, tandis que le missionnaire commence à discuter.

– Ah, n'est-ce pas un délice par une telle chaleur? s'exclame-t-il en retroussant ses manches et en s'épongeant le front. Tu sais, ça fait trois ans que j'habite à Chypre, mais je ne m'y habitue pas!

Tony ne peut s'empêcher de sourire.

– Tu devrais voir la chaleur qu'il fait là-dedans... dit-il en montrant la porte qu'il vient de franchir.

Michael continue à lui raconter ce qu'il aime et ce qu'il n'aime pas à Chypre. Alors que la visite touche à sa fin, Tony se rend compte qu'il a apprécié le bavardage du prédicateur, même s'il a encore du mal à l'admettre. La plupart du temps, il a gardé les yeux fixés sur la table, mais il s'est peu à peu surpris à imaginer les scènes décrites par son interlocuteur. Michael est pour lui une fenêtre sur le monde extérieur. Tony peut se représenter certaines des personnes dont il parle et qui fréquentent son église. Il imagine les bons moments vécus par les adolescents durant leur camp dans les montagnes Tróodhos. Il se souvient de la saveur du café turc lorsque Michael raconte ses visites dans les *kafeneions*. Michael ne connaît pas vraiment le grec et Tony sourit en l'imaginant engager une conversation avec les vieillards qui campent dès le matin dans ces cafés traditionnels des petits villages.

Avant de partir, Michael demande à Tony s'il est d'accord qu'il prie pour lui. Tony ignore ce qu'il veut dire et il se contente d'acquiescer. Il ne comprend pas cette notion de prière. Dans des livres, il a déjà vu des images d'enfants agenouillés au pied de leur lit, les yeux clos et les mains jointes. Il se rappelle aussi que M. Sizer, son professeur de religion, leur a parlé de la prière enseignée par Jésus dans l'Evangile. Tous ces souvenirs sont très lointains, mais voici que Michael Wright se tient devant lui, les mains jointes et les yeux fermés, et s'adresse à Dieu comme s'il l'écoutait, comme s'il était avec eux dans la pièce.

«Quel abruti, songe Tony, il parle dans le vide!»

– …Seigneur Jésus, prends soin de mon ami Tony, je te prie. Merci parce que tu l'aimes. Veuille lui donner de la patience et de la paix dans les jours difficiles… Amen», dit-il pour terminer.

Tony gigote nerveusement sur sa chaise et jette des regards furtifs autour d'eux pour s'assurer que personne ne les observe. Il espère que Michael ne tardera plus à s'en aller.

Après cela, le missionnaire vient voir Tony tous les jeudis, semaine après semaine. Entre deux visites, il lui écrit et lui envoie souvent des livres. Tony est reconnaissant. La lecture l'aide à lutter contre l'ennui. Il est facile de perdre la raison en prison, tant les occupations sont inexistantes. Tony s'efforce de garder les idées claires, notamment en apprenant la langue d'autres détenus. Et les livres envoyés par Michael sont pour lui comme une véritable bouffée d'oxygène. Il doit cependant les surveiller attentivement. Car leurs pages éveillent la convoitise des prisonniers qui s'en servent pour rouler des cigarettes, comme papier hygiénique ou pour allumer un feu.

Au fil du temps, Tony constate qu'il attend avec impatience les visites hebdomadaires du prédicateur. Il continue à trouver cette habitude étrange, mais désormais, quand Michael prie, Tony essaye d'imaginer que Dieu, même s'il ne le connaît pas, écoute vraiment.

Lorsque Michael a un empêchement pour une raison quelconque, il s'assure qu'un membre de l'église le remplace. Un jour, Tony a été surpris de trouver une petite dame aux cheveux gris dans la salle des visites.

– Bonjour, moi c'est Valérie, a-t-elle dit en lui tendant sa main ridée.

«Que doit-elle penser de cet endroit et d'un type comme moi?» a songé Tony, honteux. Mais Valérie affichait le même sourire confiant que Michael.

– Vous savez, jeune homme, le Seigneur Jésus m'a tellement bénie au cours de ma longue existence, lui a-t-elle expliqué, que je désire partager sa bonté avec les autres. La vie doit être terrible pour vous ici, mais je veux que vous sachiez que je prie pour vous chaque jour et qu'il y a beaucoup de gens dans notre église qui se soucient de vous.

Six mois auparavant, ce genre de propos aurait plongé Tony dans une grande irritation. Il aurait éprouvé de la méfiance et de la colère en se demandant qui étaient ces gens et ce qu'ils voulaient de lui. Mais Valérie s'est montrée si douce et affectueuse. Elle a posé sur lui le même regard que celui des mères grecques venues rendre visite à leur fils en prison. Elle avait les larmes aux yeux lorsqu'elle lui a dit au revoir, mais cela ne l'a pas empêchée de conserver son merveilleux sourire.

Tony n'a jamais parlé de ses crimes à quiconque. Même si son nom a fait la une de tous les journaux, personne ne sait réellement qui il est. Des gens comme Valérie et Michael supporteraient-ils d'apprendre jusqu'où il est allé dans l'horreur de la violence? Le vol est une chose, mais la façon dont il a tapé, fracassé et mutilé ses victimes en est une autre. Et ce Dieu, ce Jésus dont ils parlent, s'il existe, il sait tout… Tony ne pourra jamais ressembler à ces chrétiens. Ils sont si bons. Et Dieu ne voudra jamais avoir affaire avec quelqu'un comme lui.

Tony se déteste. Il déteste ce qu'il a fait, ce qu'il est devenu. Certains jours, il a l'impression que cette vie à la prison lui fera bientôt perdre la raison, mais il n'en demeure pas moins convaincu qu'il mérite son sort. Il ne contestera jamais cette réalité. La plupart des autres détenus se lamentent sur leur peine, mais Tony croit que même s'il passait le reste de ses jours en prison, il aurait ce qu'il mérite. Et puis, personne ne l'attend au-delà de ces murs… Sa famille ne s'est jamais intéressée à lui. Aiya est partie. Même son kung-fu n'est plus ce qu'il était. Autrefois, après avoir travaillé de longues heures comme garde du corps, il lui arrivait de passer encore la nuit à accomplir ses exercices de «tai-chi» et de méditation. Désormais, il a tout le temps nécessaire, mais il travaille rarement ses mouvements et il n'a ni la patience ni la tranquillité d'esprit pour méditer.

Il a appris que le but de la méditation était de rechercher «l'illumination». C'était peut-être faisable quand tout allait bien pour lui, mais dans le confinement de ce cachot, la religion de son grand-père ne lui est d'aucune utilité. Certains jours, il ne sait plus vraiment ce qu'il croit. En tout cas, si cette «illumination» existe, il en est vraiment très loin.

Chaque fois qu'il ferme les yeux, Tony est hanté par des scènes douloureuses de son passé. La plupart du temps, il se réveille en colère. Il reste allongé sur sa paillasse, en fumant cigarette sur cigarette, jusqu'à ce qu'un gardien vienne ouvrir la porte pour le laisser rejoindre les autres devant leur petit-déjeuner infect.

Ce matin-là ressemble à tous les autres. En fait, Tony est plus furieux encore que d'habitude. Il songe à Michael Wright. Le prédicateur lui rendra à nouveau visite cet après-midi. Plus tôt, dans la semaine, Tony a reçu une Bible de sa part. Il a essayé d'en lire quelques passages, mais il a rapidement perdu patience et elle traîne à présent dans le coin, à côté du seau hygiénique. Tony l'y a jetée la veille dans un accès de colère.

«Michael essaie de me faire un lavage de cerveau, se dit-il en écrasant férocement son mégot contre le mur avant d'allumer une autre cigarette. Ouais, c'est ça! Il cherche à m'attirer dans une espèce de secte bizarre ou un truc du genre. J'ai déjà entendu des histoires pareilles.» Tony ressasse cette pensée et sa rage ne cesse de croître. «Pour quelle autre raison se montrerait-il si gentil envers moi? Il croit peut-être que j'ai mis de l'argent de côté et que je vais pouvoir en faire don à sa stupide église», songe-t-il en faisant les cent pas.

– Alors, quoi, ça vient?! crie-t-il.

Ces derniers temps, il a rarement faim, mais les nuits sont très longues et il déteste se sentir enfermé dans sa cellule comme un animal en cage. C'est sûrement déjà l'heure du petit-déjeuner. Il sent les odeurs de nourriture.

– Mais qu'est-ce que vous f…?! hurle-t-il à l'intention des gardiens en tambourinant contre la porte.

Un agent pénitentiaire jure et lui crie de la fermer. Tony reconnaît sa voix. Tous les détenus le détestent. C'est un dingue. Il aime voir les prisonniers souffrir. On sait que lorsqu'il est de garde, n'importe quelle bagarre peut éclater. Il ferme toujours les yeux quand le sang est versé.

Tony lui rend ses insultes en grec, sachant qu'il sera désormais le dernier à quitter sa cellule.

Il continue à marcher de long en large, ses pensées tournant toujours autour de Michael Wright et de son sourire niais. «Il se moque de moi, se dit-il. Oui, c'est ça! Il est aussi dingue que ce gardien. Il aime voir souffrir les gens. Eh bien, je vais lui flanquer une bonne leçon. Cet après-midi, je vais lui donner l'occasion de me dire la vérité, de me dire pourquoi il s'obstine à me rendre visite. S'il est incapable de me fournir une bonne explication, je lui referai son portrait.»

Enfin la clé tourne dans la serrure. Tony se précipite à l'extérieur en réprimant l'envie d'exploser le visage du gardien par un coup de poing.

Il reste seul pour déjeuner et boire la lavasse froide qu'ils appellent «café». Il ne touche pas au bol de porridge grumeleux. Il ne veut parler à personne aujourd'hui, et il ne se mêlera pas aux autres jusqu'à l'heure des visites. Alors, il obligera Michael à lui rendre des comptes.

Chapitre 27

La vérité

L'après-midi, Tony fulmine. Il a eu tout le loisir d'alimenter sa colère. Toute la journée, il a ressassé des idées noires sur son prétendu ami. Non, Michael Wright n'est pas son ami. Il a quelque chose derrière la tête. Tony en est sûr. Aujourd'hui, il va le mettre face à ses mensonges et découvrir exactement ce qu'il en est, une bonne fois pour toutes.

La salle des visites est bondée de familles grecques. D'ordinaire, elles distraient agréablement Tony, mais aujourd'hui, il est concentré sur un seul objectif. Il tapote nerveusement sur la table en imaginant le visage souriant de Michael et en réfléchissant au sort qu'il va lui réserver. Il sera facile de l'empoigner par la barbe pour le hisser par-dessus la table. Après cela, bien sûr, il sera directement envoyé au trou, mais il aura au moins eu le temps de lui donner une bonne leçon. Cela en vaut la peine.

Où est-il? Pourquoi le fait-il attendre?

– Il se moque de moi, une fois de plus! marmonne Tony, les dents serrées et les nerfs à vif.

La porte s'ouvre et Michael entre, en sueur et à bout de souffle.

– Tony, je suis désolé, commence-t-il, il y a un trafic terrible à Nicosie, aujourd'hui…

Michael ne termine pas sa phrase. Il devine la colère de Tony.

– Tony, qu'est-ce qui ne va pas? demande-t-il, inquiet, en rapprochant sa chaise de la table pour se pencher vers lui.

Tony ne répond pas et refuse de croiser son regard. «C'est ça, approche, se dit-il, tandis que le monstre de sa colère prend possession de lui. Approche pour me donner une meilleure prise sur toi!»

– Tony? Qu'est-ce qui se passe?

– Pourquoi t'obstines-tu à venir me voir, Michael? demande-t-il enfin avec toute l'agressivité qu'il éprouve.

– Tu sais pourquoi je viens, Tony, répond le missionnaire calmement, en reprenant appui sur le dossier de sa chaise. Je te rends visite à cause de Jésus, parce que Dieu veut que je te parle de lui.

Sur ces mots, il marque une pause.

«Dois-je l'empoigner maintenant? se demande Tony. Allez, finissons-en, lui suggère le monstre à l'intérieur de lui. Non, pas encore, se dit-il. Laissons-lui une chance!»

– Dieu t'aime, Tony, reprend Michael.

Tony jure.

– O.k., alors si ton Dieu existe, pourquoi ne se montre-t-il pas? Pourquoi ne fait-il rien pour me le prouver?!

– Il l'a déjà fait. Et il le fait en ce moment même. Que crois-tu que je fais, tous ces derniers mois, Tony? Que crois-tu que Valérie et tous les autres ont fait en venant te voir?

– Ouais, qu'est-ce qu'ils ont fait?!

– Ils t'ont montré Dieu. Ils t'ont montré son amour. Ils t'ont montré qu'il se souciait de toi.

– Ce Dieu est peureux ou quoi? raille Tony. Ne peut-il pas se montrer en personne? Pourquoi devrais-je croire qu'il existe, alors que je ne peux même pas le voir?

– Crois-tu en la loi de la pesanteur, Tony? Et crois-tu que l'air, le vent ou l'amour existent?

Tony hésite. Il ne voit pas où le prédicateur veut en venir.

– Tu y crois, n'est-ce pas? poursuit Michael. Et ce n'est pas parce que ces choses sont invisibles qu'elles n'existent pas. Eh bien, je peux te montrer que Dieu existe, Tony, parce que je peux te montrer à quel point il se soucie de toi, à quel point il t'aime.

Tony éprouve un profond malaise. Cette notion d'amour le dérange. Avant Aiya, il ne l'a jamais expérimentée. Ses parents ne lui ont jamais dit qu'ils l'aimaient. Et ils ne le lui ont jamais montré. Jowmo lui a parfois témoigné de l'affection, mais dès son arrivée en Chine, son grand-père a su extraire de lui à coups de bâton la moindre étincelle d'amour. Quand Aiya est entrée dans sa vie, elle a bouleversé son univers. Elle lui a dit qu'elle l'aimait et pour la première fois de sa vie, il a connu l'amour. Ce n'était pas une bouffée de romantisme brève et étourdissante. C'était quelque chose de beaucoup plus profond. Aiya l'a amené à se sentir désiré et apprécié, comme jamais encore auparavant. C'était merveilleux, mais elle est morte. Son amour lui a été arraché, et il a du mal à supporter le vide et la douleur que ce drame a laissés dans sa vie. Il s'est à nouveau endurci. Lowsi aison. Tony n'a besoin de rien ni de personne, seulement de sa force intérieure.

– Ecoute, Michael, j'entends ce que tu dis, mais même si ton Dieu existe, il est impossible qu'il veuille avoir affaire avec moi. Tu n'as pas la moindre idée de tout ce que j'ai pu faire…

– Non, Tony, c'est là que tu te trompes, l'interrompt Michael. C'est vrai, tu es derrière les barreaux, tu as été condamné pour tes délits et les gens te considèrent globalement comme un malfaiteur, mais crois-moi, et c'est très important, aux yeux de Dieu, toi et moi, nous ne sommes pas différents.

– Quoi? Tu es un modèle de vertu! Le meilleur ami de Dieu!

Michael n'a plus envie de plaisanter.

– La Bible dit que personne n'est parfait, Tony. C'est pour cette raison que Dieu a envoyé son Fils, Jésus. Dieu ne pouvait pas s'approcher de nous, parce que nous sommes trop imparfaits. C'est comme si tu déposais une minuscule goutte d'encre noire sur une chemise blanche; la chemise est fichue. Peu importe que la tache soit étendue ou minuscule: la chemise blanche est fichue.

– Et alors?

– Alors Dieu nous a créés, et il désire que la relation avec nous soit rétablie, Tony. Il désire que nous l'aimions comme il nous aime, et il veut que nous vivions avec lui à jamais après la mort. C'est pourquoi il a envoyé son Fils pour devenir l'un d'entre nous.

Tony secoue la tête. Qu'est-ce que c'est que tout ce charabia?

– Jésus est venu sur la terre sous forme humaine, et il était parfait, explique Michael. Mais il a été mis à mort. Il a subi une mort atroce sur la croix et il a pris la punition que toi et moi (nous tous) méritions. Jésus était innocent, mais par amour, il a librement pris sur lui la condamnation à mort que nous méritions. C'est comme si quelqu'un prenait ta place, Tony, pour que tu puisses sortir libre de cette prison.

Michael laisse ses paroles planer dans l'air un instant. Il sent que Tony commence à écouter.

– Tu peux obtenir cette liberté dès à présent, Tony. Ensuite, au lieu de subir cette condamnation éternelle que tu mérites, tu recevras une place au ciel quand tu mourras. Il te suffit d'accepter ce cadeau. T'arrive-t-il de penser à ces choses, Tony?

– L'enfer ne peut pas être pire que cet endroit! maugrée Tony, mais cette pensée le fait frissonner.

Il n'y a jamais vraiment beaucoup réfléchi, mais il commence à s'interroger. Que se passe-t-il après la mort? Se pourrait-il qu'il existe un au-delà? La mort ressemble probablement à un genre de sommeil. Mais Tony n'aime pas cette idée. Car son sommeil est toujours peuplé de cauchemars. Est-ce ça, l'enfer dont parlent les gens? Et si Michael avait raison? Quelque part, il lui semble logique que la vie ne s'arrête pas après la mort. Comment l'existence pourrait-elle se terminer dans le néant?

– C'est comme si Jésus purgeait notre peine, celle que nous avons méritée pour nos péchés, poursuit Michael en souriant. Grâce à Jésus, Dieu peut nous pardonner tout le mal que nous avons fait; des fautes aussi graves qu'un vol à main armée ou aussi mineures que le vol d'un stylo à l'école. Dieu seul peut nous libérer de la condamnation que nous méritons, Tony. Il te suffit de lui dire combien tu regrettes et de lui demander pardon. Songe à nouveau à cette chemise blanche. Imagine que Jésus te rende entièrement pur. Il n'y aurait plus d'encre noire, seulement une chemise d'un blanc immaculé, parfaite aux yeux de Dieu…

Tony doute. Il a encore du mal à croire que quiconque veuille lui pardonner ses terribles crimes, mais le discours de Michael sur la liberté a touché une corde sensible.

– Tu parles de liberté, Michael, mais regarde-moi! crache Tony. Comment puis-je être libre?

– Tu ne l'es pas, Tony, mais permets-moi de te dire que ce ne sont pas les barreaux de la prison centrale de Nicosie qui t'enferment. Même si tu parvenais à t'évader cette nuit, tu ne serais toujours pas libre.

– Bien sûr que si! Qu'est-ce que tu veux dire?

– Non, Tony, tu ne serais pas délivré de toi-même ni de toutes ces forces en toi. Tu ne pourras jamais jouir de la liberté que Dieu peut te donner à moins de croire et d'accepter ce que je te dis au sujet de son Fils, Jésus. La Bible dit que si le Fils de Dieu te rend libre, tu seras réellement libre. Ça n'a rien à voir avec tout ce que tu as pu vivre jusque-là.

Tony serre furieusement les poings. Il a envie de tout fracasser pour s'échapper de cet endroit pourri. Là, maintenant. Alors, il pourrait réfléchir à la nature de la vraie liberté!

– Penses-y, Tony. Il y a un vide à l'intérieur de toi que tu as essayé de combler toute ta vie. Tu t'es surpassé pour être le meilleur dans tout ce que tu entreprenais. Si tu sors d'ici, peut-être que tu travailleras dur, que tu décrocheras un chouette boulot et que tu te feras même de bons amis. Tu gagneras des tonnes d'argent, tu auras une belle maison et une voiture, le meilleur ordinateur, le portable dernier cri, etc., mais je peux te garantir que rien de tout ça ne te rendra vraiment heureux. Même si tu j toutes ces choses, le vide en toi sera toujours là.

– Je veux bien voir ça! répond Tony sur un ton sarcastique alors qu'il se rappelle ses débuts comme garde du corps.

Il a possédé tout ça, mais Michael a raison, il en a toujours voulu plus. Quelque part, à l'intérieur de lui, il n'a jamais été satisfait, jamais comblé. Il a toujours eu besoin d'autre chose, toujours besoin d'un nouveau défi à relever. Et à quoi tout cela lui a-t-il servi? Sa vie n'est plus qu'un amas de ruines!

– Tu sais, certains disent que ce vide de notre cœur a la forme de Dieu. Ça veut dire que seul Dieu peut le remplir et te rendre vraiment heureux. Je t'assure, Tony, que si Dieu te libère, peu importe de quel côté de ces barreaux tu te trouves, tu connaîtras cette liberté intérieure, et personne ne pourra te l'enlever.

Soudain la sonnerie retentit. Le temps des visites est écoulé.

Tony voit une expression de désarroi sur le visage de Michael, tandis que le prédicateur se penche plus près encore, de sorte que leurs visages se frôlent.

– Tu as le choix, Tony. Tu peux rester tel que tu es, mais si tu acceptes de placer ta confiance en Dieu, tu seras étonné de ce qu'il accomplira pour toi. Il ne t'abandonnera jamais. Il est un Père qui t'aime et qui sera toujours là pour toi. Même si moi ou d'autres, nous prenons soin de toi, il y aura certainement des moments où nous te décevrons, où nous te ferons de la peine. Mais ce ne sera jamais le cas de Dieu. Jamais. S'il te plaît, Tony, fais le bon choix! Fais-le maintenant, aujourd'hui!

Tony ne sait quoi répondre. Il perçoit le désespoir de Michael. Soudain, son désir de comprendre prend le dessus. Il ne veut pas se mettre en colère, mais un terrible combat fait rage en lui.

– Tony, je sais qu'il y a beaucoup de choses difficiles à comprendre, dit Michael, mais il suffit que tu t'adresses à Dieu. Tu peux le faire à voix haute ou dans ton cœur. C'est vraiment très simple. Parle-lui et accepte de te détourner de tout le mal que tu as fait dans ta vie jusqu'à maintenant. Je sais qu'il y a des choses que tu penses ne jamais pouvoir changer, mais Dieu t'aidera si tu es d'accord et si tu le lui demandes. Fais de lui la personne la plus importante de ta vie, Tony. Reconnais-le comme ton maître, comme ton chef, et il t'aidera. Il te montrera à quel point tu es précieux à ses yeux et à quel point ta vie peut être belle.

Tony baisse la tête.

– Mon ami, je pourrais te parler pendant des heures, mais c'est à toi de prendre une décision.

La pièce se vide peu à peu.

– Il te suffit de croire en lui, Tony, je t'en supplie!

Tony ouvre la bouche pour dire quelque chose, mais aucun mot ne peut franchir ses lèvres.

Michael se met à prier.

– Seigneur Jésus, nous te remercions de ce que tu es ici avec nous, dans cette prison. Merci parce que tu aimes Tony d'un amour infini. Je t'en prie, fais qu'il accepte ton amour sans tarder. Amen.

Un gardien approche et presse Michael de s'en aller. Tony est incapable de lever les yeux. Il se sent tellement gêné.

– A la semaine prochaine, Tony! dit calmement Michael en quittant la pièce.

Tony ne répond rien.

Chapitre 28

Le tigre dompté

Tony s'empresse de regagner l'aile où se trouve sa cellule. Les propos de Michael tourbillonnent dans ses pensées. La puanteur du bloc lui paraît pire que jamais. Un prisonnier pousse des cris, pleurniche et parle tout seul. Ce vacarme résonne contre les parois et ne fait que tourmenter davantage l'esprit déjà agité de Tony.

A proximité de sa cellule, il constate qu'un des fous l'attend devant la porte. Quand Tony passe à sa hauteur, l'homme lui presse son mégot de cigarette sur le bras et lui brûle profondément la chair. Tony s'écarte d'un bond, puis saisit le détenu par les cheveux et lui écrase la face contre le mur. La fureur le submerge comme une vague géante et il frappe l'homme jusqu'à le rendre méconnaissable.

Une fois dans sa cellule, Tony se met à trembler. Il arpente la pièce minuscule en s'efforçant de retrouver son calme. Les paroles de Michael ne cessent de tourner dans sa tête. Il ferme les yeux et se bouche les oreilles pour tenter de les faire taire, mais en vain, les mots répètent inlassablement leur message. Ses mains sentent le sang, tandis que les gémissements du détenu qu'il vient de massacrer lui parviennent du couloir. Il songe soudain à Aiya et à la façon dont elle pouvait «voir» avec ses mains. Il se souvient de sa douce caresse sur son visage, lors de leur première rencontre. Il l'imagine en train de tâter les traits brisés et ensanglantés de sa victime. Que penserait-elle de lui à présent? Elle était la seule personne à l'avoir jamais aimé, mais il est certain qu'elle détesterait ce qu'il est devenu.

Tony s'écroule sur sa couchette et enfonce sa tête dans l'oreiller pour assourdir le vacarme ambiant. Les paroles de Michael continuent à résonner en lui: «Dieu t'aime, Tony, Dieu t'aime…» Elles occupent toutes ses pensées. Tony s'efforce de les étouffer, mais plus les minutes passent, plus elles deviennent apaisantes. La respiration de Tony ralentit, et les mots lui parviennent plus distinctement encore. Ils sont plus nombreux à présent. «Dieu t'a tellement aimé qu'il a envoyé son Fils mourir pour toi.» Ils paraissent pénétrer son entendement. «Tu seras libre… Tu seras réellement libre… Il te suffit de croire…»

– Mais comment? s'écrie Tony à voix haute, comme s'il répondait à la farandole de mots qui tourbillonnent dans son esprit. Par où dois-je commencer?

En guise de réponse, le visage fracassé de l'homme affalé devant sa porte lui apparaît distinctement. Tony laisse échapper un cri douloureux et brutal.

– Pardon. Oh, mon Dieu… Je regrette!

Sur ces mots, le barrage cède. Les images de sa vie défilent devant ses yeux comme un film. Tony revoit tous ceux qu'il a tabassés, abîmés, blessés. Il a l'impression de tomber dans un tunnel hideux de désespoir et de remords.

– Je regrette! gémit-il, encore et encore.

Puis, son discours change.

– Dieu, si tu es là, s'il te plaît, pardonne-moi! pleure-t-il.

Le film défile plus vite à présent. Tony s'efforce d'en ralentir la cadence, pour pouvoir se rappeler le moindre de ses crimes. Il veut pouvoir dire combien il regrette. A bout de souffle, il sait que ses cris se font de plus en plus bruyants et frénétiques. Il presse son visage contre la paillasse jusqu'à ce qu'elle soit trempée de larmes. Il sanglote sans pouvoir s'arrêter, en suppliant Dieu de *tout* lui pardonner.

Des heures passent.

Quand Tony relève la tête, la cellule est plongée dans l'obscurité. La porte a été verrouillée et la prison est silencieuse. Tony jette un œil vers la minuscule fenêtre, seule source de lumière de sa cellule, et distingue la lune dans le ciel étoilé. Son regard se concentre sur les barreaux de fer et la croix qu'ils forment à leur jointure. Il se souvient que Michael lui a parlé de la mort de Jésus sur la croix. Qu'a-t-il dit exactement? Que grâce à la mort de Jésus, il pouvait être libre. Tony n'est pas vraiment sûr de comprendre, mais à présent, d'une certaine façon, il sait que c'est vrai.

– Je crois en toi, murmure-t-il paisiblement. Je crois que tu peux me sauver. Merci, Jésus.

C'est une prière simple. Et pour la première fois de sa vie, Tony dort profondément et paisiblement cette nuit-là.

Le lendemain matin, tout lui paraît différent. Aussi loin que remontent ses souvenirs, Tony a éprouvé de la colère… contre ses parents, contre Lowsi, contre les brutes du collège, et la liste est longue. Désormais, toute sa colère l'a quitté. Il se sent calme. Il s'assied sur le lit et regarde à nouveau par la fenêtre. C'est une magnifique journée ensoleillée. Tony prend conscience qu'au cours des derniers mois, il a cessé de regarder à l'extérieur. Il n'a plus remarqué l'azur du ciel et le vol des oiseaux tout là-haut.

Il a étrangement chaud alors que le soleil n'a pas encore eu le temps de réchauffer les murs de la prison. Il reste couché un moment en songeant à sa rencontre avec Michael et aux événements étranges de la veille au soir.

Soudain, une clé tourne dans la serrure. Il bondit de son lit et découvre un paquet de cigarettes par terre. Bizarrement, il n'y a pas encore pensé ce matin-là. Il n'en éprouve pas le besoin. Il sourit et secoue la tête, incrédule, en repoussant le paquet d'un coup de pied. Non. Il se sent bien. Il n'en veut plus.

Une grande brute aux cheveux roux se tient juste devant sa porte. Tony sait que la situation est dangereuse. Il s'est déjà battu avec ce type. L'image de celui qu'il a défiguré la veille lui revient subitement en mémoire et il aperçoit des tâches de sang sur le sol du couloir. Un goût amer remplit sa bouche. Il avance avec précaution, mais immédiatement, le détenu fait volte-face en ricanant et lui enfonce son mégot dans l'avant-bras.

Tony se contente de le regarder droit dans les yeux, puis il secoue la cendre de son bras et s'en va.

A son grand étonnement, quand il arrive dans le réfectoire, il constate que sa peau est intacte. Aucune brûlure, aucune marque, aucune douleur. Il examine attentivement l'endroit où la plaie aurait dû se trouver. Rien! Que se passe-t-il?

Tony réfléchit à certaines anecdotes rapportées par Michael durant ses visites. Un jour, il est arrivé très excité et lui a raconté qu'il venait d'échapper à un grave accident de la route. Tony le revoit, un peu secoué et encore tremblant. «Tony, je remercie Dieu pour sa protection, a-t-il dit. Il était impossible que j'évite ce camion. Je crois vraiment que Dieu m'a protégé pour que je puisse venir ici aujourd'hui.»

Alors Tony repense une fois de plus à ses cours de religion. M. Sizer leur a raconté que Jésus avait guéri des gens. Il leur a dit aussi qu'il avait nourri des milliers d'autres avec seulement quelques pains et quelques poissons, et qu'il avait même ressuscité des morts. Tony aimait ces histoires. M. Sizer les appelait des «miracles». Est-ce le même Jésus? A-t-il échappé à une vilaine brûlure grâce à Jésus? Tony examine son bras, parsemé de cicatrices anciennes. Celle de la veille est encore douloureuse, mais il n'y en a aucune de plus récente.

Tony se met à sourire, puis à rire. Il ne peut s'en empêcher. Il glousse comme un enfant. Quelques détenus le regardent, mais ils supposent qu'il perd la raison, comme beaucoup d'autres avant lui.

Qu'est-ce? De la joie. Une joie profonde et réelle. Elle monte du creux de son estomac et lui picote tout le corps. Tony s'agrippe fermement à la table pour résister à l'envie de se lever et de danser. Michael lui a parlé de la joie que Jésus donne à celui qui vient à lui, il s'en souvient. Il a parlé d'«une vie abondante». Tony n'a pas compris sur le moment, mais à présent, il commence à saisir. La foi en Jésus ne concerne pas seulement l'au-delà. Elle ne détermine pas seulement ce qui se passe après la mort. Tony expérimente ce que Michael s'est efforcé de lui expliquer pendant tous ces mois. Avec Jésus dans sa vie, il est libre dès aujourd'hui! Même s'il est en prison, même s'il ne possède rien, même si sa vie est un désastre, il se sent désormais libre et plus heureux que jamais auparavant!

Un miracle? Sans aucun doute!

Chapitre 29

Le miracle

La joie toute neuve de Tony s'atténue à peine pendant les jours qui suivent et ce, alors que la vie au pénitencier est plus pénible que jamais. Son bonheur s'avère même contagieux.

Un jour, Tony se trouve dans la bibliothèque. Malgré son nom, cette salle ne contient qu'une poignée de livres. Les autres ont disparu depuis des années pour alimenter le feu des prisonniers en hiver. L'endroit est sombre, miteux et jonché de journaux crasseux au contenu douteux. Peu de détenus s'y rendent, mais désormais Tony apprécie le calme qui y règne. Il passe des heures à en apprendre davantage sur Dieu et Jésus en lisant la Bible. Il écrit à Michael Wright sur le moindre morceau de papier qu'il peut dénicher. Lors de leur première rencontre, Michael lui a promis de ne pas lui faire de sermons, mais aujourd'hui, Tony est avide de lui poser des questions sur la foi. Il a tant de choses à lui demander.

– Qu'est-ce qui t'arrive, vieux? demande Shane.

Tony lève les yeux, surpris. Il n'a pas remarqué l'arrivée du jeune Sri Lankais dans la bibliothèque.

– Qu'est-ce que tu veux dire?

– Eh ben, tu souris tout le temps.

– Vraiment? dit Tony, le visage rayonnant.

– Ouais. Je t'observe depuis quelques jours. T'as trouvé une nouvelle poudre ou quoi?

– Quoi?

Tony sait ce qu'il veut dire. Shane purge une peine pour trafic de drogue. Il en connaît un rayon sur les substances illicites. Il a tout essayé et il est lourdement dépendant.

Tony sent soudain son cœur battre plus vite. Pourra-t-il dire la vérité à son ami? Qu'est-ce qui l'en empêche?

– Jésus! se surprend-il à répondre.

– Quoi? Jamais entendu parler, dit Shane. C'est une nouvelle sorte de crack ou quoi?

– Non! s'exclame Tony en éclatant de rire. Ecoute, vieux, je sais que tu vas trouver ça bizarre, mais Jésus est entré dans ma vie. J'ai prié pour ça l'autre soir et je ne me suis jamais senti aussi heureux.

Tony réfléchit à ce qu'il vient de dire. C'est la vérité, mais il se rend compte à quel point cela peut paraître stupide. Il se creuse la tête pour trouver le moyen d'expliquer les choses à Shane de façon à ce qu'il comprenne. Son ami jette un regard dans la pièce pour s'assurer que personne ne les épie, puis il sort un petit paquet et une aiguille usagée. Tony doit parler.

– Ecoute, Shane, t'as pas besoin de ce truc.

Shane lève vers lui un regard creux, injecté de sang. Tony poursuit.

– Chaque fois que tu te shootes, tu te sens bien, pas vrai?

– Pour sûr, mec! répond Shane en reniflant précautionneusement le contenu du paquet.

– Mais cette sensation disparaît, après, non? Et tu dois en prendre toujours plus. C'est pas le bonheur ça, Shane, c'est de la dépendance…

– Tu crois que je ne le sais pas? dit Shane paresseusement.

– Mais Jésus peut t'en libérer. Il m'a libéré, moi aussi.

Tony continue à parler et à lui rapporter les propos de Michael. A son grand étonnement, Shane se montre vraiment intéressé. Il ne conteste pas, comme Tony a pu le faire avec Michael. Il essaye seulement de comprendre.

– Attends, interrompt-il. Je comprends que Dieu est parfait, saint et tout le reste, mais quel est le rôle de Jésus dans tout ça?

Tony réfléchit un instant, puis entreprend de raconter une histoire.

– Imagine deux petits garçons. Ils grandissent ensemble et sont de très bons amis.

– Ouais.

– Eh bien, pendant plusieurs années, ils restent amis, puis, les années passent, et l'un d'eux commence à avoir de mauvaises fréquentations. L'autre travaille dur, fait de bonnes études et devient juge. Entre-temps, le premier a commencé à commettre des petits délits et il finit par être arrêté. Il atterrit au tribunal. Le juge n'est autre que son vieil ami, mais lui ne le reconnaît pas sur le moment. Le juge, par contre, constate immédiatement que le criminel qui est devant lui est son ami le plus cher et le plus ancien, auquel il est très attaché.

– Et ensuite? demande Shane, intrigué.

– L'accusé est manifestement coupable et le juge doit le punir. C'est ce qu'il mérite.

– Ouais, c'est sûr!

– Seulement voilà, sourit Tony, le juge sait qu'il doit l'envoyer en prison ou lui imposer une lourde amende, que son ami ne sera pas en mesure de payer. Alors il prononce son verdict, puis, au grand étonnement du tribunal, il enlève son habit de juge et rejoint son ami dans le box des accusés. Là, il sort son carnet de chèques et signe un chèque pour payer l'intégralité de l'amende.

Tony marque une pause pour laisser à Shane le temps de comprendre lui-même ce que signifie ce récit.

– Donc le juge paye la dette de son vieil ami! résume Shane.

– Oui, mais pas seulement, dit Tony. Comme il est juge, il ne peut pas laisser le type s'en sortir juste parce qu'il le connaît et qu'il l'apprécie beaucoup. A cause de son titre, il est tenu de prononcer une condamnation et un jugement. Mais il aime tellement son ami qu'il décide de renoncer pour un temps à sa fonction de juge. Il devient semblable à l'accusé dans le box et paye sa dette à sa place.

– Et, d'après toi, c'est ce que Dieu a fait pour nous?

– Tout à fait. Il a dû devenir semblable à nous pour payer notre dette. C'est pourquoi il est venu sur la terre, sous la forme de son Fils, Jésus-Christ. Plus tard, Jésus est mort à notre place afin que nous puissions échapper à la condamnation que nous méritions pour avoir désobéi aux lois de Dieu.

– C'est vraiment super de sa part, pas vrai? constate calmement Shane.

Tony éclate à nouveau de rire.

– Oui, c'est super de sa part. Maintenant Shane, tu dois décider si tu es d'accord de croire tout ce que je viens de te dire. Si oui, dis-le à Dieu. Dis-lui que tu crois que Jésus est mort à ta place pour que tu puisses être pardonné et libéré de ton péché.

– Je vais le faire! répond Shane avec enthousiasme. Et ensuite?

Tony ne s'attendait pas à une réaction aussi rapide. «Aide-moi, Seigneur», prie-t-il rapidement en espérant dire des choses justes à son ami.

– Je suppose que je dois m'excuser pour tout ce que j'ai fait? dit Shane.

– Oui, c'est ça, répond Tony, étonné. Puis tu dois demander à Dieu de t'aider à te détourner de ce qui ne va pas dans ta vie…

Il songe alors à un des courriers de Michael.

– …Et tu dois être prêt à abandonner toute ta vie entre ses mains.

– Qu'est-ce que ça veut dire?

– Eh bien, la Bible dit que Dieu nous connaissait déjà chacun avant même notre naissance. Si tu crois ça et si tu crois qu'il est vraiment le Dieu tout-puissant, le Créateur de toutes choses, alors il mérite incontestablement d'être la priorité dans ta vie.

– Ouais, je comprends, mais qu'est-ce que tu veux dire par «abandonner»?

Tony réfléchit.

– Toute ma vie j'ai été le meilleur dans ce que j'entreprenais. J'ai été champion du monde de kung-fu, garde du corps d'élite, etc. Jamais je n'aurais reconnu avoir besoin de qui que ce soit. C'est comme un gamin qui se vante de pouvoir soulever un grand poids. Il force, il force, mais il doit finalement renoncer. Il doit reconnaître qu'il a besoin d'aide. Il ne peut pas y arriver tout seul. Lorsqu'il demande de l'aide, il capitule, il s'abandonne.

– Je ne sais pas si j'aurais la force d'arrêter tout ça… dit Shane tristement en écartant provisoirement le petit paquet et l'aiguille souillée.

Tony est à court d'arguments. Il sait à quel point la dépendance aux drogues peut être terrible.

– C'est quelque chose que tu dois régler toi-même avec Dieu, dit-il finalement. Mais si tu l'acceptes dans ta vie, tu pourras compter sur son aide. Tu ne devras plus t'appuyer sur tes propres forces. Si Dieu veut que tu arrêtes, il t'aidera à y arriver, pour autant que tu le lui demandes. Il nous suffit de prier Dieu et de lui demander son aide jour après jour.

– Faisons-le maintenant! dit Shane.

Tony est un peu nerveux. Il n'a jamais prié à haute voix, comme Michael en a l'habitude. Il sait à peine quoi dire, mais il se rapproche de Shane, ferme les yeux et se met à parler. Bientôt Shane se joint à lui, dans sa propre langue. Tony ouvre les yeux et voit des larmes couler sur le visage de son ami. Son sourire est pourtant digne de rivaliser avec celui de Michael Wright. Tony n'a aucune idée de ce que Shane est en train de dire, mais il sait que sa prière est sincère et il croit que Dieu répondra à Shane, comme il l'a fait pour lui.

Tony jette un œil sur ce lieu minable où ils se trouvent. Dieu vient d'opérer un autre miracle dans cet endroit. C'est comme si Jésus en personne s'était assis à côté de lui pour l'aider à trouver les mots. Tony arbore à présent un sourire rayonnant. Est-ce vraiment aussi merveilleux? Est-ce vraiment si facile de parler à Dieu? A-t-il vraiment répondu à la prière de Tony? Oui. Pas étonnant que Michael ait affirmé vouloir lui apporter une bonne nouvelle!

Enfin, Tony comprend ce qui a motivé son ami à lui rendre visite, semaine après semaine. «Si seulement je l'avais écouté plus tôt, songe-t-il. Pendant tous ces mois, j'aurais déjà pu connaître cette joie, au lieu de vivre dans un désespoir insupportable. Il m'a fallu si longtemps pour lui faire confiance. Toute ma vie, on m'a appris à ne faire confiance à personne… et où cela m'a-t-il mené?»

Tony secoue la tête en songeant à quel point il s'est montré buté. Il se sent honteux et stupide, mais il sait à présent que Dieu ne le voit pas de cette façon. Il lui a donné un nouveau départ, et Tony a le sentiment que des choses formidables l'attendent.

Chapitre 30

Enfin libre!

Pendant les semaines et les mois qui suivent, Tony partage sa joie nouvelle avec d'autres détenus. C'est facile. Comme Shane, beaucoup d'entre eux ont remarqué chez lui un changement soudain et manifeste. Ils veulent tous savoir ce qui lui est arrivé et, jour après jour, Tony gagne en assurance pour leur expliquer comment Jésus transforme sa vie. Même quelques-uns des prisonniers les plus endurcis finissent par crier à Dieu. Avec l'aide de Michael Wright, Tony crée un groupe au sein duquel les hommes peuvent étudier la Bible et prier. Ils se réunissent régulièrement.

Un jour, Tony parcourt sa cellule du regard. Les hommes sont entassés sur le moindre centimètre carré disponible. La scène est comique. Big Ziggy, un trafiquant de drogue, et Andreas, un culturiste[1] grec, se serrent comme des sardines sur la couchette pour faire de la place à Mohammed, Martin et Hassan. D'autres sont assis par terre. Tous attendent que Tony commence la réunion par une prière.

[1] Personne qui pratique le bodybuilding. (N.d.E.)

– Où est Shane? demande Tony en remarquant l'absence de son ami.

A ce moment, la porte s'ouvre brusquement. C'est Simon, un autre membre de leur petit groupe. A bout de souffle, il est manifestement bouleversé.

– Alcaponey a eu Shane! dit-il en tentant de raconter ce qui est arrivé.

Le sang de Tony se fige. Il écarte Simon et part en courant dans le couloir, vers la cellule de Shane. Des gardiens et de nombreux détenus sont attroupés, mais tous sont plongés dans un profond silence. Alors que Tony tente de se frayer un chemin, quatre infirmiers émergent de la cellule de Shane en portant un brancard.

– Shane?! crie Tony en brisant le silence. Shane, mon ami!

– Ecartez-vous! ordonnent les gardiens.

Les hommes font place au brancard en regardant solennellement le corps brisé qu'il transporte. Tony croit devoir vomir. Il n'a jamais vu personne dans un état pareil.

Une terrible colère le submerge, telle une mer en furie.

Tony n'a plus éprouvé cette rage depuis la nuit où il a prié pour la première fois dans sa cellule. Désormais, tout paraît oublié. Il est redevenu un animal sauvage, féroce et prêt à attaquer. Alors que la vision désespérante de son ami disparaît, il promet de le venger et de réduire Alcaponey en bouillie.

* * *

Après ces événements, Tony est incapable de parler à qui que ce soit pendant plusieurs jours. Il évite les autres et se concentre sur un seul objectif: il veut se venger. Il veut faire couler le sang d'Alcaponey.

Ce type est un des prisonniers les plus fous. Shane n'est pas sa première victime, mais Tony jure qu'il sera la dernière. Le bruit se répand qu'il est en rage, et Alcaponey apprend qu'il cherche à se venger. Les deux hommes attendent le bon moment.

La prison centrale de Nicosie possède de nombreux couloirs à cul-de-sac et de vieux passages condamnés, qui sont, la plupart du temps, totalement déserts. Ces endroits sont interdits et dangereux, mais les ténèbres ayant à nouveau envahi son âme, Tony se met à les fréquenter. Plongé dans un désespoir muet, il lutte contre sa fureur et prépare sa vengeance. Ses sentiments ne laissent aucune place pour Dieu. Une fois de plus, Tony se retrouve seul face à cette puissance de destruction qui l'habite.

Soudain, un cri à vous glacer le sang résonne à travers le couloir. La silhouette trapue d'Alcaponey surgit de l'obscurité. C'est une grande brute, bâtie comme une armoire à glace et condamnée à vie pour plusieurs meurtres.

«Ainsi, il me traque, comprend Tony, alors que le sang lui monte à la tête. Très bien. Le moment est venu!»

Le couloir est étroit et sans issue. Tony n'a pas le temps de préparer sa défense, ni même de penser. Déjà, Alcaponey se jette sur lui et le plaque contre le mur. Tony sent son haleine fétide lorsqu'il le soulève du sol pour le hisser à sa hauteur. Les deux hommes se fixent intensément.

Tony fait appel à sa maîtrise du kung-fu pour anticiper son prochain mouvement. Ses bras sont immobilisés, mais il sait qu'il peut rapidement se retourner et, par un mouvement agile, mettre l'oreille de la brute en lambeaux… Mais soudain, des paroles se forment distinctement dans son esprit:

> Alors ces gens s'avancèrent, mirent la main sur Jésus et l'arrêtèrent. Un de ceux qui étaient avec Jésus mit la main sur son épée et la tira; il frappa le serviteur du grand-prêtre et lui emporta l'oreille.

Qu'est-ce? Les mots continuent:

> Alors Jésus lui dit: «Remets ton épée à sa place, car tous ceux qui prendront l'épée mourront par l'épée. Penses-tu que je ne puisse pas faire appel à mon Père, qui me donnerait à l'instant plus de douze légions d'anges?»

Tony comprend qu'il s'agit d'un texte qu'il a lu dans la Bible.[2] C'est le récit de l'arrestation de Jésus avant sa mise à mort sur la croix. Alors même qu'il est agressé par Alcaponey, voici que les paroles de Jésus lui reviennent puissamment à l'esprit.

Une fraction de seconde à peine s'est écoulée. Alcaponey ricane et glousse dans sa folie, en invitant Tony à prendre l'initiative avant qu'il lui démolisse la face.

«Vas-y, bats-toi! Tu peux l'avoir!» hurle une voix dans le cœur de Tony.

Mais il y a une autre voix: «Je suis le chemin, la vérité et la vie.»

---

[2] Matthieu 26.50-53.

Tony reconnaît ces paroles. Ces mots sont ceux de Jésus. Le visage d'Alcaponey se rapproche encore et Tony peut distinguer l'odeur âcre de sa sueur. Quelque chose paraît retenir Tony et l'empêcher de faire le moindre mouvement. Il pourrait utiliser le kung-fu et réduire la brute en bouillie. Ce ne serait que justice, après tout.

«Oui, oui, fais-le pour Shane! Fais-le pour ton ami!» répète la première voix.

«Je suis le chemin. *Je* suis le chemin… dit le doux murmure… la vérité et la vie.»

Soudain, des mots se forment sur les lèvres de Tony. Il s'entend les prononcer à haute voix dans l'obscurité. Immédiatement, sa soif de vengeance envers Alcaponey disparaît.

«Dans le nom de Jésus-Christ, je t'ordonne de me lâcher immédiatement!»

Cette voix est bien la sienne, mais il la reconnaît à peine. Le visage d'Alcaponey se décompose instantanément sous le coup de la terreur et il laisse tomber Tony par terre.

Quelques secondes plus tard, Tony se retrouve seul, toujours appuyé contre le mur. Tremblant, il se laisse lentement glisser sur le sol froid et humide. Les coudes sur les genoux et la tête entre les mains, il réfléchit.

Que s'est-il passé? Les minutes défilent. Alcaponey ne réapparaît pas. Perplexe et complètement ahuri, Tony repasse l'agression dans sa tête et tente de comprendre.

«Dieu m'a sauvé!» murmure-t-il pour lui-même, complètement abasourdi.

C'est vrai.

Tony a du mal à expliquer ce qui s'est produit, mais tous ses codétenus veulent savoir. Ils s'attendaient à un bain de sang. Au lieu de cela, Alcaponey a pris la fuite, et Tony est sorti de l'obscurité sans une égratignure. Plus étonnant encore, sa colère semble avoir disparu. Il est clair que quelque chose d'étonnant a eu lieu. Quand Tony leur raconte comment Jésus l'a sauvé, quelques-uns sont surpris, mais beaucoup d'autres ont déjà placé leur confiance en Dieu. Ils savent que c'est la vérité.

Quant à Tony, il comprend qu'enfin, le tigre a trouvé la liberté.

Epilogue

Le cri du tigre est une histoire vraie. Tony Anthony a été envoyé en Chine à l'âge de 4 ans. Elevé par le bâton de son grand-père, il est devenu un champion de kung-fu et a accompli des exploits que beaucoup jugeraient surnaturels. Le petit garçon faible et impuissant est devenu un homme robuste, d'une grande force physique. Pourtant, comme son histoire le montre, sa force devait devenir sa plus grande faiblesse.

Le 3 mai 1990, alors qu'il était incarcéré à la prison centrale de Nicosie, Tony Anthony est redevenu un enfant… un enfant de Dieu. Durant toute sa vie, Tony avait eu soif d'amour, d'approbation et d'acceptation de la part de sa famille. Mais toujours, il avait été déçu. Désormais, il avait un nouveau Père, un Père parfait, qui l'aimait malgré tout ce qu'il avait pu faire.

Par cet affrontement avec Alcaponey, il a compris que Dieu veillerait sur sa vie s'il acceptait de l'abandonner entre ses mains. Tony n'a pas recouru au kung-fu ni à la puissance du «chi» pour s'en sortir. C'est Dieu qui a opéré un miracle en le sauvant des griffes d'Alcaponey sans qu'une seule goutte de sang ne soit versée. Tony a aussi compris qu'il restait libre de suivre sa propre voie. Il était devenu un *enfant* de Dieu et n'était pas un *esclave*. Il était toujours en mesure de faire ses propres choix et donc capable de commettre de grandes erreurs. Lorsque son ami Shane a été agressé, Tony a replongé dans la colère et la rage, détournant le regard de son Père céleste. Mais Dieu ne l'a pas pour autant abandonné. Au contraire, il l'a accompagné jusque dans ces lieux très sombres, est resté à ses côtés dans le chagrin et l'a délivré de lui-même. Nicosie n'était pas la fin du parcours carcéral de Tony, mais ça… c'est une autre histoire.

* * *

Aujourd'hui, Tony parcourt le monde entier pour raconter comment Dieu a changé sa vie. Les lecteurs plus âgés pourront en apprendre davantage en lisant *L'œil du tigre*, best-seller international paru en francophonie en 2006.

Pour tout complément d'information sur le ministère de Tony Anthony, vous pouvez visiter le site suivant:

www.avantiministries.com

Et pour contacter Tony directement, écrivez lui à:

tony@avantiministries.com

Tony aujourdhui

Angela Little
est un auteur primé qui a déjà travaillé avec Tony Anthony sur son autobiographie intitulée *L'œil du tigre*. Elle habite actuellement dans le Northamptonshire, en Angleterre, avec son mari et leurs deux enfants.

Autres récits pour jeunes

Récits de Samuel Grandjean

Ourane

Il est aveugle et n'a que 3 ans quand sa mère l'abandonne dans une ruelle. On suivra cet «enfant de personne» jusqu'à l'âge adulte. Son existence sera bouleversée par une Bible en braille. Un récit captivant, pour tous les âges.

92 pages – ISBN 2-8260-3210-0

Sebti

Histoire vraie d'un enfant nord-africain en France, son enfance, ses joies, ses peines, le dur apprentissage de la vie et sa découverte du message de Jésus-Christ.

112 pages – ISBN 2-8260-3248-8

Récits de Damaris Kofmehl

Marcio, la soif de vivre

Fils d'une prostituée brésilienne, Marcio s'enfuit de l'orphelinat et trouve refuge dans les rues, où il est bien vite confronté à la loi du plus fort. Coincé entre les gangs criminels et une police très brutale, il essaie de s'en sortir par ses propres moyens. Mais un jour, tout bascule.

248 pages – ISBN 2-8260-3431-6

Eliana,
la vie après la samba

Quelle adolescente n'a pas rêvé de se retrouver sous les feux de la rampe? C'est ainsi qu'Eliana entend profiter de ses talents de danseuse de samba pour oublier l'absurdité et la morosité de sa vie. Le monde des night-clubs lui ouvre ses portes, avec ses lumières, ses paillettes et sa noirceur. Elle vole de reconnaissance en succès, mais le bonheur semble toujours lui échapper. Jusqu'au jour où son chemin croise celui de Margaret, une jeune Anglaise…

272 pages – ISBN 2-8260-3455-3

Rinaldo,
crimes à l'aéroport

Rinaldo, jeune de 18 ans, est chef d'une bande de jeunes criminels. Lors d'un cambriolage important (vol de salaires), il est arrêté et connaît alors l'horreur des prisons brésiliennes. Frappé à plusieurs reprises, et même torturé, il promet à Dieu de devenir missionnaire s'il lui permet de sortir de cet enfer. Il est exaucé, puisqu'il est libéré au bout de six mois déjà. Mais une fois la liberté retrouvée, il oublie sa promesse et s'enfonce dans des crimes toujours plus graves… Pourtant, Dieu ne cesse de l'appeler. Va-t-il finir par céder?
312 pages – ISBN 2-8260-3462-6

Cours, Valdir, cours!

«Valdir ne répondit rien. Il se sentait tout drôle. Voilà qu'ils étaient assis là, deux vieux camarades d'école, à discuter armes comme ils avaient discuté filles ou football autrefois. Et le plus étrange, c'était que l'idée de posséder une arme commençait à lui plaire…» Comment Valdir, l'enfant qui redoutait les disputes de ses parents alcooliques, est-il devenu un chef de bande, un criminel redouté? Va-t-il

pouvoir réellement changer de vie un jour? Ce récit passionnant et véridique de Damaris Kofmehl vous permettra de le découvrir.
288 pages – ISBN 978-2-8260-3490-2

Alex, la passion du risque

«Des sensations fortes! C'est exactement comme cela que je me l'étais imaginé. Et c'était même plus fort encore! Nous étions campés devant le restaurant du village, comme les fameux trois mousquetaires. A la place de l'épée, une pince coupante à portée de main, cachée sous la veste en jean. C'était une belle nuit d'été; une de ces nuits qui fait inventer les histoires les plus invraisemblables autour d'un feu de camp, et où l'exubérance dégénère dans l'incommensurable...» Alex, un jeune Suisse peu ordinaire, toujours à la recherche d'une nouvelle poussée d'adrénaline, cambrioleur professionnel à ses heures perdues, va-t-il réussir à sortir du terrible engrenage dans lequel il s'est engagé? Vous le saurez en lisant ce récit authentique et captivant, qui ne peut laisser indifférent.
256 pages – ISBN 978-2-8260-3491-9